한 달 안에 변화하는
어린이 성공습관 31가지

한 달 안에 변화하는
어린이 성공습관 31가지

초판 1쇄 발행   2005년 1월 10일
완전 개정판 6쇄 발행   2013년 3월 22일

지은이   박성철
그린이   양은희

펴낸이   김영철
펴낸곳   국민출판사
등록   제6-0515호
주소   서울특별시 마포구 서교동 382-14
전화   (02)322-2434(대표)
팩스   (02)322-2083
홈페이지   www.kukminpub.com

편집   최용환, 이예지, 오수훤
디자인   한은경
영업   김종헌, 이민욱
경영   한정숙

ⓒ박성철, 2005

ISBN 978-89-8165-176-3 73370

* 이 책은 저작권법에 따라 보호받는 저작물이므로 무단전재와 무단복제를 금지하며,
  이 책의 전부 또는 일부를 이용하려면 국민출판사의 서면 동의를 받아야 합니다.
* 잘못된 책은 구입한 서점에서 교환해 드립니다.

한 달 안에 변화하는

어린이 성공습관 31가지

지은이/ 박성철   그린이/ 양은희

머리말

누군가가 자신에게 이런 편지를 보냈다고 상상해 보세요.

"나는 유명한 사람, 성공한 사람과 아주 친하답니다.
내가 그 사람들을 성공하게 만들고, 유명하게 만들어 주었기
때문이지요.
또 나는 실패한 사람, 게으른 사람의 친구이기도 하답니다.
내가 그 사람들을 게으르게 만들고, 실패하게 만들었기 때문이지요.
내가 하고 싶은 대로 가만 놓아두면 안 돼요.
내가 내 마음대로 하려고 할 때는 나를 붙잡고 말려야 해요.
때로는 나에게 엄격해야만 해요.
나에게 지는 사람은 인생에 실패하는 쓴맛을 보게 되거든요.
그렇다고 나를 너무 무서워하지는 마세요.
　　　　나를 이기는 사람에게는 큰 선물을 주기 때문이랍니다.
　　나를 이기는 사람에게는 '성공'이라는 큰 트로피를 준답니다.
　　　　　나를 엄격하게 대해 주세요. 그러면 최고의 초등학생이 될
　　　거예요.

내 이름은 무엇일까요?"

과연 나에게 이런 편지를 보낸 것은 누구일까요?

이 편지의 주인공은 바로 '습관' 이랍니다.

습관은 이처럼 큰힘을 가졌답니다.

성공한 사람, 훌륭한 위인들의 전기나 자서전을 보면 공통점이 한 가지 있습니다. 그것은 초등학교 시절에 올바른 습관을 가졌다는 점입니다.

그 습관이 어른이 될 때까지 계속 이어져서 그렇게 될 수 있었던 것이지요.

이 책에는 최고의 초등학생이 되기 위한 습관, 어른이 되어서 성공하는 사람이 되기 위한 습관들이 적혀 있습니다.

선생님은 우리 반 아이들에게 이 이야기들을 들려 주면서 너무도 행복했답니다. 올바른 습관 이야기를 들려 주면서 우리 반 아이들의 행동이 변하고, 성적도 높이뛰기하듯 껑충 뛰어오른 것을 직접 보았기 때문입니다.

선생님은 이 책을 읽는 여러분도 분명히 그런 경험을 하게 될 거라고 믿습니다.

박성철 선생님이

차례

1주

생각습관 기르기
− 머리가 똑똑해지는 습관

1일. 계획형 어린이만이 성공의 엘리베이터를 탈 수 있다
 − 계획을 세우는 습관   12

2일. 위인들의 일기 중에 빠지지 않고 나오는 단어, 독서
 − 독서하는 습관   18

3일. 몰랐지? 상식 박사가 되는 방법
 − 상식을 키우는 습관   24

4일. 기억력보다 메모의 힘이 훨씬 세다
 − 메모하는 습관   28

5일. 일어나면 세수하듯이 잠자기 전에는 하루를 반성하자
 − 잠자기 전에 하루를 반성하는 습관   33

6일. 세상 모든 일을 호기심이라는 '현미경'으로 바라보기
 − 모든 일에 호기심을 가지는 습관   37

7일. 난 궁금한 건 못 참아!
 − 모르는 것이 있을 때 질문하고 조사하는 습관   41

행동습관 기르기
- 친구들에게 인기를 얻는 습관

2주

8일. '자신감'과 '믿음'은 성공의 만능 열쇠
- 늘 잘할 수 있다는 자신감과 믿음을 갖는 습관   48

9일. 약속을 잘 지키는 나는 친구에게 '믿음맨'
- 약속을 잘 지키는 습관   53

10일. '지금'이라는 시간은 내 인생 최고의 시간
- '지금'이라는 시간에 열심히 하는 습관   58

11일. '웃음보따리'를 가진 어린이가 되자
- 유머 감각을 익히는 습관   63

12일. 내가 어느 순간에 '양치기 소년'으로 변해 버리는 건 아닐까?
- 거짓말하지 않는 습관   68

13일. '만남'과 '인연'은 내 인생을 성공으로 만드는 마술램프
- 만남과 인연을 소중히 여기는 습관   73

14일. 좋은 생각이 좋은 사람을 만든다
- 긍정적인 생각과 말을 사용하는 습관   78

차례

3주 마음습관 기르기
- 나와 남을 사랑하는 습관

15일. 화가 날 때는 하나, 둘, 셋 마음 속으로 헤아리자
  - 화나는 일이 있을 때 한 번 더 생각하는 습관   86

16일. 나만큼 소중한 동물, 식물 친구!
  - 동물과 식물을 기르는 습관   91

17일. 세상에서 가장 어리석은 사람은? 나만 아는 사람!
  - 나보다 우리를 소중하게 생각하는 습관   96

18일. 마법의 말 사용하기
  - 마법의 말을 사용하는 습관   101

19일. 웃는 얼굴은 사람들이 아침에 까치를 본 것 같은 기분을 느끼게 한다
  - 좋은 표정을 가지는 습관   106

20일. 처음이 좋아도 끝이 나쁘면 헛수고!
  - 마무리를 잘하는 습관   111

21일. 세상에서 가장 위대한 사랑은 나 자신에 대한 사랑
  - 자신을 아끼고 사랑하는 습관   116

성품습관 기르기
- 몸짱, 마음짱이 되는 습관

4주

22일. 내 추억의 보석상자 만들기 – 일기 쓰는 습관   124

23일. 알고 보면 나도 꽤 괜찮은 아이지!
　　　– 자신의 모습에 감사하는 습관   128

24일. 나도 몸짱이 되자! – 운동을 즐기는 습관   133

25일. 무엇이든 잘 먹는 사람이 무엇이든 잘하는 사람?
　　　– 올바른 식사 습관   138

26일. 일곱 번 쓰러져도 여덟 번 일어난다
　　　– 도전 정신을 가지는 습관   142

27일. 난 명탐정, 잃어버린 물건은 반드시 찾아내고 만다
　　　– 절약하는 습관   147

28일. 모든 일에 '노력'이라는 머리띠를 두르고!
　　　– 모든 일에 최선을 다하는 습관   152

29일. 실패는 있어도 실망은 없다 – 쉽게 절망하지 않는 습관   157

30일. 알아서 척! 척! 척! 스스로 어린이 – 미루지 않는 습관   162

31일. 나는 정의의 슈퍼맨! – 정의로운 말만 하는 습관   167

생각습관 기르기

— 머리가 똑똑해지는 습관

이번 주에는 우리 친구들이 실천할 습관은 '머리가 똑똑해지는 습관' 이에요. 하루하루 여기에 있는 습관을 실천하다 보면, 어느새 **지혜와 지식이 커져 있는 나를** 발견하게 될 거예요.

1일

계획형 어린이만이 성공의 엘리베이터를 탈 수 있다

계획을 세우는 습관
계획을 세우지 않는 사람의 운명은 계획을 세우고 생활하는 사람에게 질 수밖에 없다.

"야, 여행이다. 계획을 짜야겠군."

우리 친구들은 야영이나 여행을 가기 전에 쪽지에다 계획표를 짜지요.

'준비물로는 옷과 세면 도구를 가져가야지. 4시에는 놀고, 6시가 되면 밥을 먹어야지.'

이렇게 미리 계획을 짜두는 이유는 무엇일까요?

그래요. 시간 낭비를 하지 않고, 헛된 힘을 들이지 않기 위해서죠.

그런데 선생님은 이상하게 생각되는 점이 하나 있답니다.

이렇게 하루나 이틀 동안 가는 야영이나 여행에는 계획표를 짜면서 내가 생활하는 일주일, 한 달, 일 년의 계획표는 왜 세우지 않는지 이해가 되지 않아요.

이렇게 생활 계획표를 짜면 시간 낭비도 하지 않게 되고, 내가 하고자 하는 일도 쉽게 해낼 수 있는데 말이에요.

그럼 계획을 세워 생활하는 것이 왜 좋은지를 알아볼까요?

한번 집 짓는 과정을 생각해 보세요.

아름답고 튼튼한 집을 짓기 위해서는 설계도를 잘 짜야 합니다. 그리고 시멘트, 모래, 목재 같은 재료들을 구해서 집을 만들기 시작합니다. 그런 다음 일하는 사람들이 계획된 순서에 따라 벽돌을 쌓고, 시멘트를 바르고, 창문을 만들고, 유리를 끼우고, 칠을 해서 집을 완성하게 됩니다.

설계도도 만들지 않고 아무 계획 없이 그냥 집을 지으면 제대로 된 집을 만들 수 없겠지요.

집 짓기처럼 사람의 인생도 마찬가지랍니다.

아무런 계획표를 짜지 않고 생활하는 사람은 나침반도 없이 산 속을 헤매는 사람과 같답니다. 반면에 계획표를 짜고 그것에 따라 생활하는 사람은 성공이라는 길을 찾는 나침반을 들고 있는 사람이랍니다.

그럼, 계획표는 어떻게 짜야 할까요?

여러분은 이미 몇 번 이상씩 계획표를 짜 본 경험이 있을 거예요.

방학하기 전에 계획표를 짜곤 하니까요.

언제 일어나고, 언제 식사하고, 언제 공부하고 하는 시간에 따른 계획표를 '일일 생활 계획표'라고 합니다. 그처럼 일일 생활 계획표는 시간에 따라 자신이 무슨 일을 할지를 계획표로 작성하는 거랍니다.

다음에는 '주간 생활 계획표'와 '월간 생활 계획표'가 있습니다. 이것은 한 주 동안, 1개월 동안 내가 중점적으로 해야 할 일, 내가 하고 싶고, 또 내가 해야 할 일에 대한 계획을 세우는 방법이랍니다.

예를 들면 '이번 주에는 동화책을 두 권 이상 읽자.'

'이번 달에는 워드 연습을 열심히 해서 한글 500타 이상을

생활계획

칠 수 있도록 하자.'와 같은 계획을 세우는 것이지요.

그렇게 모든 일을 계획을 세워 하게 되면 그렇지 않을 때보다 더 열심히 하게 되고, 자신이 원하는 것을 보다 쉽게 이룰 수가 있습니다.

하지만 계획표만 세워둔다고 모든 일이 자동적으로 이루어지는 것은 아니랍니다.

그 계획표에 맞는 실천이 뒤따라야겠지요.

그러므로 계획표에 따른 '실천 조사표'도 만들어두는 것이 좋답니다.

그렇게 실천 조사표를 만들어두면, '내가 이런 점은 계획만 했지 잘 실천하지 않았구나'라는 사실을 깨닫게 되고, 계획표에 따라 더 열심히 노력하게 된답니다. 그리고 계획을 세울 때는 욕심을 내어 너무 무리하게 세워서는 안 된답니다.

실천이 따르지 못하는 계획은 계획이 아니라 헛된 욕심에 불과한 것이지요.

우리 나라의 유명한 기업 회장님의 책상에는 이런 글이 적혀 있다고 합니다.

'계획을 세우지 않는 사람의 운명은 계획을 세우고 생활하는 사람에게 질 수밖에 없다.'

계획하고, 실천하고, 반성하는 생활을 통해서 오늘날 그렇게 대단한 일들을 해낼 수 있었던 것이지요.

생활 계획표를 세워두는 습관!

나를 똑소리나는 어린이로 만들어 준답니다.

2일

위인들의 일기 중에 빠지지 않고 나오는 단어, 독서

독서하는 습관
하루라도 책을 읽지 않으면 입에 가시가 돋친다. - 도산 안창호

한 소년이 세상에서 가장 훌륭한 사람들을 만나기로 마음먹었습니다. 그 사람들을 만나서 어떻게 초등학교 시절을 보내야 좋은지 물어보고 싶었습니다.

소년은 나중에 커서 훌륭한 정치인이 되고 싶었기 때문입니다. 하지만 링컨이나 처칠 같은 분은 이미 돌아가셨기 때문에 만날 수가 없습니다. 그리고 부시 대통령이나 노무현 대통령 같은 분은 너무 유명하고 멀리 떨어져 있어서 만날 수가 없었습니다.

소년은 고민에 빠졌습니다. 하지만 곧 좋은 생각이 떠올랐습니다. 소년은 자신이 존경하는 모든 정치인들을 만나서 조언도 듣고 교훈도 얻었습니다. 소년의 가슴에는 정치인을 향한 꿈이 더 깊이 심어졌고, 그러기 위해서 더 노력하기 시작했습니다.

과연 소년은 어떻게 정치인들을 만날 수 있었을까요?

소년은 그 수많은 훌륭한 정치인들을 책을 통해서 만났던 것입니다.

퀴즈 하나 내 볼게요.

여행 중에서 돈은 별로 들지 않으면서 가장 많이 배울 수 있고, 즐겁게 떠날 수 있는 여행은 어떤 여행일까요?

그것은 책으로 떠나는 여행입니다.

책으로 떠나는 여행은 세계 어느 곳이든 마음대로 갈 수 있는 초고속 비행기 여행이며 언제, 어느 시대든 갈 수 있는 타임머신 여행이랍니다.

세상의 수많은 위인들을 만날 수 있는 것도 책을 통해서이며, 자신이 모르고 있던 지식을 알게 되는 것도 책을 통해서입니다.

독서가 좋다는 것은 알지만 가끔은 부모님들과 선생님들께서 왜 그렇게 강조를 하시는지 잘 모르겠다는 친구들이 있어요. 그러면 여기서 독서의 장점에 대해 알아볼까요?

독서를 하면 글을 잘 쓸 수 있게 됩니다.

어휘력이 풍부해집니다.

말을 잘할 수 있게 됩니다.

생각하는 능력이 커집니다.

판단력이 좋아집니다.

상상력이 풍부해지고 창의력도 늘어납니다.

이외에도 헤아리기 힘들 만큼 많은 좋은 점들이 있답니다.

독서는 특별한 것이 아니에요. 그것은 하나의 습관이랍니다.

책은 일상 생활에서 우리들의 손에서 절대 떨어져서는 안 될 중요한 것입니다.

우리가 매일 밥을 먹고 잠을 자는 것처럼 독서 역시 일상 생활이 되어야 하는 것이지요.

그래서 도산 안창호 선생님은, "하루라도 책을 읽지 않으면 입에 가시가 돋친다"라고 말씀하셨답니다.

자 그럼, 독서하는 습관을 어떻게 들여야 할까요?

초등학생 때 독서하는 습관을 들이는 방법!

첫째, 도서관에 가서 책을 읽습니다.

'나에겐 재미있는 책이 없기 때문에 책을 잘 읽지 않게 돼요'라고 말하는 친구들이 있습니다. 도서관에 꽂혀 있는 수많은 책들 중에서 내가 읽고 싶은 책들을 골라 읽게 되면 저절로 독서하는 습관을 들일 수 있을 거예요.

둘째, 독서 달력을 만들어 봅니다.

자그마한 달력을 마련하여 자신이 읽은 책의 제목과 줄거리, 느낀 점을 짧게 적어두는 것입니다. 그렇게 하면 자신이 언제, 어떤 책을 읽었는지 한눈에 알 수가 있답니다.

그 달력의 기록이 늘어갈수록 뿌듯한 기분이 드는 건 당연하겠지요.

셋째, 곳곳에 읽을 책을 놓아두고, 틈틈이 읽습니다.

화장실, 식탁, 침대 위, 책상 위, 교실 책상 안 등 내가 가는 곳곳에 읽을 책을 놓아두는 겁니다. 그렇게 책을 곳곳에 놓아두고 자투리 시간이 날 때마다 책을 펼쳐드는 습관을 가지는 것입니다.

그리고 책을 다 읽고 난 후에는 가족들이 모인 자리에서 '내가 읽은 책 줄거리 말하고 자랑하기' '내가 내는 독서 퀴즈' '작가가 빠뜨린 부분, 내가 직접 이야기로 지어 보기'

'10년 독서 예상 공책 만들기' 등 여러 가지 활동을 해 보는 것도 독서를 습관화하는 데 많은 도움이 될 거예요.

3일

몰랐지?
상식 박사가 되는 방법

상식을 키우는 습관
좋은 것이든 나쁜 것이든 습관을 들이고 오래되면
그만큼 뽑기 어려운 법이다.

　집에 가면 손에 TV 리모콘을 붙여놓고 이리저리 돌리며 하루 종일 TV 시청만 하는 친구들이 있습니다.
　연속극이나 만화영화를 방영하고 있는 채널에 눈을 고정시켜두고 시간 가는지도 모르고 빠져 있곤 하지요.
　TV 시청을 오래하면 모든 면에서 좋지 않답니다.
　눈도 나빠지고, 시간도 낭비되고, 폭력적인 면이 늘어나기 때문이지요. 집에만 오면 습관적으로 TV를 시청하는 것은 정말 좋지 않은 습관일 뿐 아니라 고치기도 힘들답니다.

이런 이야기가 있습니다.

한 스승이 제자를 데리고 산에 갔습니다.

스승은 제자에게 세 그루의 나무를 보여 주며 뽑으라고 말했습니다. 심은 지 얼마 안 되는 첫 번째 나무는 쉽게 뽑을 수 있었습니다.

두 번째 나무는 심은 지 일 년이 지나서, 힘을 들여서 겨우겨우 뽑았습니다.

세 번째 나무는 심은 지 오래되어 아무리 애를 써도 뽑을 수가 없었습니다.

"도저히 못 뽑겠는데요."

제자가 대답하자 스승이 이렇게 말했습니다.

"습관이라는 것도 이와 같다. 좋은 것이든 나쁜 것이든 습관을 들이고 오래되면 그만큼 뽑기 어려운 법이지."

이 이야기에서처럼 습관은 좋은 것이든

나쁜 것이든 오래되면 고치기가 참 어렵답니다. 습관적으로 TV를 시청하는 것도 마찬가지랍니다.

하지만 적당한 시청은 스트레스도 풀 수 있고, 좋은 프로그램을 통해 지식도 많이 얻을 수 있습니다. 특히 뉴스나 교양 프로그램 같은 것을 시청하면 세상에 대해서 많은 것을 알게 되지요.

TV를 보다 보면 가끔 부모님과 싸우게 될 때도 있어요.

나는 연속극이나 만화를 보려고 하고, 부모님은 뉴스를 보려고 하시지요.

어른들은 왜 꼭 뉴스를 보려고 하실까요?

뉴스에는 세상 돌아가는 소식이 담겨 있기 때문이랍니다.

세상을 올바로 살아가기 위해서는 많은 지식이 필요한데, 신문이나 뉴스를 통해 그런 유용한 지식들을 많이 얻을 수 있답니다.

선생님 반 아이 중에 별명이 '만물박사'인 친구가 있었어요.

사회 시간이나 국어 시간에 다른 친구들은 아무도 모르고 있을 때, 이 '만물박사' 손만은 "저요!" 하며 번쩍 올라간답니다.

그러고는 대답뿐 아니라 그것과 관련 있는 이야기까지 자세히 하곤 해서 선생님과 아이들을 놀래킨답니다.

그래서 선생님이 "어디서 그런 것들을 알게 되었니?"라고 물었더니, 이렇게 대답했답니다.

"네, 아빠와 함께 매일 뉴스를 봤더니 많은 것을 알게 되었어요."

TV는 우리를 망치는 도구가 될 수도 있고, 나를 만물박사로 만들어 주는 요술방망이가 될 수도 있습니다.

뉴스, 좋은 프로그램, 교양 프로그램에 관심을 가지고 TV를 시청하면 나 또한 어느새 만물박사가 되어 있을지 모릅니다.

4일

기억력보다
메모의 힘이 훨씬 세다

메모하는 습관
느닷없이 떠오르는 생각이 가장 귀중한 것이며, 보관해야 할 가치가 있는 것이다. 메모하는 습관을 갖자. – 로저 베이컨

"아이, 팔이야."

"어휴, 오늘도 저렇게 필기가 많아?"

민하네 반 아이들의 입에서 터져나오는 불만 소리입니다.

선생님께서는 반 친구들이 필기나 메모하는 것을 싫어한다는 사실을 너무도 잘 알고 계신답니다. 그런데도 필기를 시키는 이유는 무엇일까요?

하루는 민하네 반 아이들 중 한 명이 손을 들고 질문했어요.

"선생님, 우리 반은 필기가 왜 이렇게 많아요?"

선생님께서는 이렇게 대답하셨습니다.

"여러분, '귀'라는 친구는 무슨 일이든 대충대충하는 습관을 가지고 있답니다. 그 친구는 건망증도 심하고 덜렁대지요. 그래서 잊어버리기 박사랍니다. 반면에 '손'이라는 친구는 무척 꼼꼼하답니다. 여러분이 어떤 사실을 잊게 되면 반드시 메모지를 다시 보여 주어 기억하게 만든답니다. 그래서 머리 속에 새겨지도록 만들어 주지요."

사람의 기억력은 그다지 뛰어난 편이 아니랍니다.

예를 들어 볼게요.

미국의 한 대학에서 기억력에 대한 실험을 했습니다. 그랬더니 공부한 지 2시간이 지나면 공부한 내용이 절반밖에 머리 속에 남아 있지 않는다는 결과를 얻었답니다. 이틀이 지나면 공부한 것의 3/10 정도만 남는다고 합니다. 그렇다면 오랫동안 기억할 수 있는 방법은 무엇일까요?

그것은 바로 메모하는 것입니다. 배운 내용, 순간적으로 떠오른 좋은 생각, 그런 것들은 메모해두지 않으면 바람처럼 왔다가 쏜살같이 사라져 버린답니다.

하지만 그것을 메모해두었다가 필요할 때 꺼내 보면, '아, 이런 것이었지.' '맞아, 이것을 배운 기억이 나!' 이런 감탄사가 저절로 나오게 되지요.

필기나 메모를 해두면 좋은 점을 자세히 알아볼까요?

첫째, 적으면서 한 번 더 기억하게 됩니다.

귀로 선생님의 설명을 들으면 그 순간에는 다 알 것 같지만 사실은 그렇지 못하답니다. 그런데 필기나 메모를 하면 그 내용이 한 번 더 손과 머리에 기억이 된답니다. 그래서 필기나 메모를 한 내용은 잘 잊어버리지 않게 됩니다.

둘째, 좋은 아이디어를 놓치지 않게 되고 더 좋은 아이디어를 얻을 수 있습니다. 좋은 생각은 머리에 항상 머물러 있는 것이 아니지요. 그래서 좋은 생각이 떠올랐을 때 재빨리 메모지와 연필을 꺼내어 기록해 두어야 합니다.

그런데 그렇게 기록해 두고 시간이 지난 후 다시 살펴보면 그것보다 더 좋은 아이디어가 떠오르는 경우가 많답니다.

메모나 필기는 과학자와 발명가에게는 가장 필요한 도구입니다.

세계 최고의 발명가 에디슨의 호주머니에는 지갑이 들어 있지 않을 때는 있었어도 작은 메모지와 연필이 없을 때는 없었다고 합니다. 좋은 생각과 발명에 대한 아이디어를 하나도 놓치지 않기 위해서였지요.

　여러분의 가방과 호주머니에도 늘 메모장과 연필이 들어 있기를 바랍니다. 그것은 내일의 에디슨을 꿈꾸는 사람이라면 반드시 갖추어야 할 습관이니까요. 항상 기억하세요.

　'못쓴 글씨의 메모 하나가 뛰어난 기억력보다 훨씬 낫다'는 사실을······.

5일

일어나면 세수하듯이 잠자기 전에는 하루를 반성하자

잠기기 전에 하루를 반성하는 습관
하루에 세 번씩 '나는 오늘 어떤 선한 일을 했는가?'
'나는 오늘 하루 어떠했는가?' 라고 반성했다. - 존 웨슬리

얼굴이 예쁘고 외모가 아름다운 사람은 아침마다 한 가지 똑같은 일을 반복한답니다. 바로 아침이면 자신의 모습을 거울 앞에서 살펴보는 것이지요.

거울은 자신의 모습을 비춰 줘요. 그래서 거울을 보면서 머리가 흐트러져 있거나 옷차림이 단정하지 않으면 머리를 빗고 옷을 단정하게 입게 되지요. 그렇다면 우리의 마음과 생활을 아름답고 단정하게 하기 위해서는 어떻게 해야 할까요? 마찬가지랍니다.

자신의 마음과 자신의 하루를 거울에 비춰 보는 것입니다.
하지만 어쩌죠? 마음을 환하게 비춰 주는 거울은 없으니 말이에요. 그러나 너무 걱정하지는 마세요. 자신의 마음과 생활을 아름답게 가꿀 수 있는 방법이 없는 것은 아니랍니다.
바로 잠자기 전에 자신의 하루를 떠올려보고 잘한 점, 못한 점을 반성하는 것이랍니다.

삶이란 것도 우리가 공부하는 과정과 같은 것이랍니다.
학교에서 그 날 배운 것을 우리는 다 알 수는 없습니다.
하지만 집으로 돌아가 한번 되돌아보면 그 내용은 훨씬 머리 속에 잘 남게 되는 법입니다.
마찬가지로 우리는 그 날 하루 있었던 일들을 잠자기 전에 한번 되돌아보고 반성하는 자세가 필요합니다.

그렇게 하면 우리는 다음 날부터는 똑같은 실수를 줄일 수 있고 더 나은 삶을 살 수 있게 되는 것이지요.
'오늘은 수업 시간에 선생님이 안 보실 때 짝과

장난을 너무 많이 쳤어. 내일은 장난치지 말고 수업에 열중해야지.'

'오늘은 다른 친구에게 화를 냈어. 신경질을 내지 않아도 되는데 짜증을 부렸어. 내일 그 친구에게 사과해야지.'

이렇게 잠들기 전에 하루를 반성하는 친구와 그렇지 않은 친

구 사이에는 커다란 차이가 있답니다.

영국의 종교인 존 웨슬리는 이른 아침에 한 번, 점심 때 한 번, 저녁 때 한 번, 이렇게 하루에 세 번씩 '나는 오늘 어떤 선한 일을 했는가?' '나는 오늘 하루 어떠했는가?'라고 반성했다고 합니다.

여러분도 저녁에 집으로 돌아가 잠자리에 들기 전에 자신의 행동과 자신의 생활을 평가해 보세요.

'오늘 하루 나에게 점수를 준다면 몇 점 정도인가?'

'내가 오늘 하루 잘한 점은 무엇이며, 잘못한 점은 무엇인가?' 이렇게 차분히 생각에 잠겨 보세요.

그 일을 계속하다 보면 시간이 흐른 후에 어느 날 잠자리에 들었을 때 '아, 나도 참 괜찮은 아이구나'라고 느끼게 될 테니까요.

6일

세상 모든 일을 호기심이라는 '현미경'으로 바라보기

모든 일에 호기심을 가지는 습관
나는 머리가 좋은 사람이 아니다. 그리고 특별한 재능이 있는 것도 아니다. 내가 다른 사람들과 다른 점이 있다면 단지 호기심이 많았을 뿐이다. - 알버트 아인슈타인

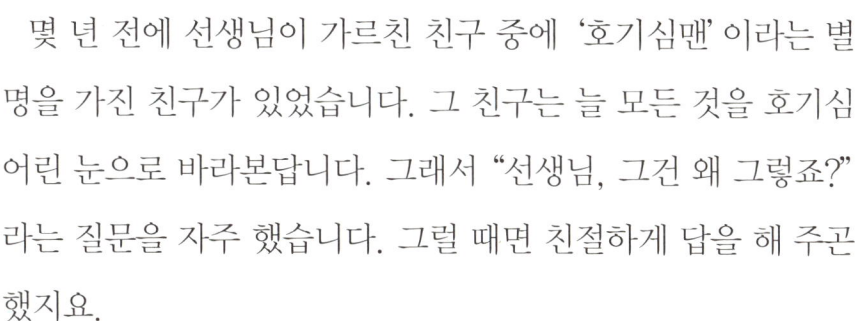

　몇 년 전에 선생님이 가르친 친구 중에 '호기심맨'이라는 별명을 가진 친구가 있었습니다. 그 친구는 늘 모든 것을 호기심 어린 눈으로 바라본답니다. 그래서 "선생님, 그건 왜 그렇죠?"라는 질문을 자주 했습니다. 그럴 때면 친절하게 답을 해 주곤 했지요.
　그렇게 시간이 흐르고 그 친구는 고등학생이 되었답니다. 그러던 어느 날 신문을 펼쳐 본 선생님은 깜짝 놀랐습니다. 고등학생인데 자동 쓰레기통을 만들어서 과학 대상을 받아 신문에

난 것이었습니다.

　선생님은 그 친구의 초등학생 시절을 다시 돌이켜보았답니다. 그랬더니 그 친구가 그렇게 될 수 있었던 이유는 단 하나라는 사실을 깨닫게 되었어요. 그것은 '모든 일에 호기심을 갖는 것'이었죠.

여러분은 '만유인력의 법칙'을 발견한 뉴턴을 잘 알 거예요.

뉴턴은 사과나무에서 사과가 떨어지는 것을 보고 만유인력의 법칙을 발견해 냈지요.

하지만 사과나무에서 사과가 떨어지는 모습은 뉴턴만이 아니라 수많은 사람들이 보았답니다. 그런데 왜 유독 뉴턴만이 만유인력의 법칙을 발견할 수 있었을까요?

그것은 뉴턴이 늘 모든 것을 호기심어린 눈으로 바라보았고, 사과가 떨어지는 것에도 "왜?"라는 의문을 가졌기 때문이랍니다. 그것뿐이 아니에요. 훌륭한 발명가나 유명한 사람들 대부분은 모든 일에 호기심을 가진 사람이었습니다.

세계 역사상 가장 머리가 좋은 천재라고 불리는 아인슈타인이 이런 말을 한 적이 있습니다.

"나는 머리가 좋은 것이 아니다. 그리고 특별한 재능이 있는 것도 아니다. 내가 다른 사람들과 다른 점이 있다면 단지 호기심이 많았을 뿐이다."

그렇다면 왜 모든 것을 호기심어린 시선으로 보아야 할까요?

그냥 아무 생각 없이 있는 것과 호기심을 가지고 세상을 바라보는 것 사이에는 커다란 차이가 있기 때문입니다.

 호기심을 가지고 세상을 바라보면 "왜 그럴까?"라는 물음을 가지게 된답니다. 그렇게 궁금증이 일면 관심을 가지고 그것을 바라보게 되고, 스스로 알아보는 적극성을 띠게 됩니다.

 새로운 것에 대한 호기심, 그것은 창의력과 상상력을 높여 준답니다.

 '나는 별로 호기심이 없는데 어떻게 하지?' 이런 고민이 든다구요? 그렇다고 해서 너무 걱정할 필요는 없어요.

 새로운 지식을 경험할 수 있는 기회를 많이 가져 보세요. 즉 독서, 여행, 영화 등을 많이 접해 보세요.

 다양한 지식에 대해 알면 알수록 자꾸 더 알고 싶어지고, 그러면 자연스럽게 호기심도 많아지게 된답니다.

 '호기심 가득한 눈으로 세상 보기.'

 어린 시절부터 그런 호기심을 가질 때 세상은 나에게 좀더 많은 것을 보여 주고, 마음씨 좋은 산타 할아버지처럼 좀더 많은 선물보따리를 풀어 주는 법이랍니다.

7일

난 궁금한 건 못 참아!

모르는 것이 있을 때 질문하고 조사하는 습관
몰라서 물을 때의 창피는 일시적인 것으로 끝나지만,
몰라도 묻지 않을 때의 창피는 평생을 간다. - 일본 속담

'정말 궁금하단 말이야. 그런데 어떡하지?'
'질문을 하자니 부끄럽고, 그냥 있자니 궁금하고……'
우리 친구들이 흔히 겪게 되는 고민이지요.
궁금한 것이 있을 때 선생님께 질문하는 것을 부끄러워하는 친구들이 있습니다. 심지어 부모님께도 묻지 않고 그냥 모르는 채로 넘어가 버리는 경우도 많답니다.
이유를 물어보면 이렇게 대답하죠.
"부끄럽잖아요. 혹시 '그것도 몰라?' 하면 어떻게 해요?"

일본에 이런 속담이 있답니다.

'몰라서 물을 때의 창피는 일시적인 것으로 끝나지만, 몰라도 묻지 않을 때의 창피는 평생을 간다.'

더구나 모르는 것은 부끄러운 것이 아니랍니다. 진정 부끄러운 일은 모르는 것을 알려고 하지 않는 것이랍니다.

처음부터 모든 걸 다 아는 사람은 없습니다. 하나씩, 하나씩 알아가다 보면 그 방면에 뛰어난 사람이 되는 것이지요.

한 대학생이 교수님께 물었습니다.

"교수님, 저는 왜 이렇게 성적이 안 좋은 겁니까? 남들 공부할 때 나도 공부했고 똑같이 노력했는데, 다른 친구들에 비해 성적이 뒤지는 이유가 무엇입니까?"

그러자 교수님께서는 이렇게 말씀하셨습니다.

"나는 자네가 나에게 질문하는 모습을 한 번도 보지 못했네. 질문하지 않는 사람은 둘 중 하나지. 바보 아니면 천재. 자네는 어느 쪽이라고 생각하는가? 자네가 공부를 못하는 이유는 또 무엇이라고 생각하는가?"

항상 질문하십시오. 그리고 조사해 보십시오.

질문은 배움의 출발입니다. 질문은 내가 똑똑한 사람이 되기 위해 갖추어야 할 가장 기본적인 것입니다. 그리고 질문하기 전에는 반드시 이런 마음을 가지고 있어야 합니다.

'나는 확실하게 알고 있지 못하면서도 부끄러움 때문에 머뭇거리고 있지는 않은가?'

'내가 이 질문을 통해서 얻으려고 하는 것이 무엇인가?'

그런 생각을 한 후에 질문을 하면 여러분은 더 많은 것을 깨닫게 될 거예요. 모르는 것은 결코 부끄러운 일이 아니랍니다. 진정 부끄러운 일은 모르면서도 알려고 하지 않는 자세입니다. 이제부터라도 질문하는 것에 대하여 부끄러워하는 습관을 버리고 잘 모르는 것이 있을 때는 질문하고 조사하는 습관을 들이세요. 여러분의 가슴에 항상 이 말을 새겨 두세요.

'모를 때는 질문하라. 그러면 답안지를 얻게 될 것이다.'

1주. 생각습관 기르기
— 머리가 똑똑해지는 습관

어린이 여러분이 한 주 동안 지내면서 좋은 습관을 기르기 위해 얼마나 노력했는지 점검해 보는 코너입니다. 실천했다면 □ 안에 ∨표 해 보세요.
∨표가 많아질수록 더 멋있게 변화된 자신의 모습을 발견할 거예요.

□ **계획을 세우는 습관**
오늘 해야 할 일, 한 주 동안 해야 할 일에 대해 계획을 세우고 실천했다.

□ **독서하는 습관**
동화책, 역사에 관련된 책, 과학에 관련된 책 중에 한 권 이상은 읽었다.

□ **상식을 키우는 습관**
만화프로가 아닌 다큐멘터리 프로와 뉴스 프로 등을 3회 이상 시청했다.

□ **메모하는 습관**
수업 시간에 선생님이 말씀한 내용을 잘 필기하고 메모했다.

□ **잠자기 전에 하루를 반성하는 습관**
잠자기 전에 오늘 하루 일어난 일을 생각하며, 잘 한 일과 잘 못한 일을 반성했다.

□ **모든 일에 호기심을 가지는 습관**
가정에서, 학교에서 일어나는 일에 "왜 그럴까?"라는 물음을 가져 보았다.

□ **모르는 것이 있을 때 질문하고 조사하는 습관**
수업시간에 모르는 것을 용기를 내어 질문한 적이 3회 이상 있다.

생각이 바뀌면 태도가 바뀌고, 태도가 바뀌면 행동이 바뀌고, 행동이 바뀌면 습관이 바뀌고, 습관이 바뀌면 인격이 바뀌고, 인격이 바뀌면 운명이 바뀐다.
―윌리엄 제임스

행동습관 기르기

- 친구들에게 인기를 얻는 습관

이번 주에 우리 친구들이 실천할 습관은 '친구들에게 인기를 얻는 습관'이에요. 하루하루 여기에 있는 습관을 실천하다 보면, 어느새 **친구들에게 둘러싸여 있는 나**를 발견하게 될 거예요.

8일

'자신감'과 '믿음'은 성공의 만능 열쇠

늘 잘할 수 있다는 자신감과 믿음을 갖는 습관
무엇이든 성취할 수 있다는 자신감, 어떤 성의와 정성없이 위대한 일이 성취된 예는 없다. - 랄프 애머슨

아빠와 아들이 칼싸움을 했습니다.

아들의 칼은 자기 키에 맞는 칼이었기 때문에 아빠를 찌르지 못했습니다. 늘 아빠의 칼에 찔리기만 했습니다.

"아빠, 내 칼이 짧으니까 아빠를 못 찌르잖아요. 칼 좀 바꿔 주세요." 그러자 아빠는 웃으며 말했습니다.

"칼이 짧으면 짧은 만큼 앞으로 나오면 되잖아. 칼싸움뿐만 아니라 세상을 살아가는 데는 그런 자신감이 필요한 거야."

성공의 첫째 조건이 무엇이냐고 어른들께 여쭤보면 '자신감!'이라고 곧바로 이야기한답니다.

그렇다면 나는 자신감으로 가득찬 아이입니까? 아니면 자신감이라고는 눈곱만큼도 없는 그런 아이입니까? 한번 체크해 보세요.

다음은 자신감 넘치는 사람의 특징이랍니다.

- 다른 사람이 하는 것을 지켜보는 것보다 자신이 직접 하는 것을 더 좋아한다.
- 잘못을 저질렀을 때 다른 사람 탓으로 돌리지 않고 솔직히 내가 잘못했다고 이야기한다.

- 내가 하고 싶은 일은 반드시 하고 일단 시작하면 끝맺음도 잘한다.
- 우리 반에 새로운 친구가 전학 왔을 때 그 아이가 말을 걸어오기를 기다리기보다는 내가 먼저 말을 거는 편이다.
- 수업 시간에 선생님의 질문에 꼭 정답이라는 확신이 없을지라도 대답하기 위해 손을 들 수 있다.

- 사람들이 많든 적든 장기자랑 시간에 앞에 나가서 자신의 장기를 뽐낼 수 있다.

어떤가요? 나는 자신감 있는 초등학생의 특징에 많이 해당되는 어린이인가요? 그렇지 못하다고요? 그렇다고 풀이 죽어서는 안 되죠. 자신감이라는 것은 태어날 때부터 갖고 태어나는 것이 아니기 때문입니다. 노력하고, 생활 태도를 바꾸면 자신감이 생겨난답니다.

그 방법을 여러분에게만 살짝 알려 드릴게요.

미국에 '나폴레옹 힐'이라는 사람이 있습니다. 그 사람도 처음에는 소극적이고 부끄러움을 많이 타는 사람이었답니다. 그런데 자신감을 기르기 위해 노력하고 훈련한 덕분에 지금은 미국 최고의 인기 강사이며 베스트셀러 작가가 되었답니다.

나폴레옹 힐은 자신감 기르는 방법에 대해 다음과 같이 이야기했답니다.

1. 나에게는 훌륭한 인생을 만들 능력이 있다고 믿는다.
2. 무엇이든지 내가 마음 속으로 강렬히 원하는 것은 반드시 실현될 것이라고 확신한다. 그래서 매일 30분 이상씩 목표를 성취한 모습을 상상한다.
3. '나는 나 자신의 능력을 믿는다' 라고 매일 10번 이상 큰

소리로 말한다.

4. 나는 인생의 목표를 명확하게 종이에 써두고 시간 날 때마다 쳐다본다.

이제 작은 습관부터 고쳐 보세요. 모임이나 줄을 설 때 항상 제일 앞자리에 서도록 하세요. 앞자리가 눈에 띄기 때문에 싫어하는데, 그런 습관을 버려야 자신감에 찬 생활을 할 수 있답니다. 그리고 걸음도 당당하게 걷고, 다른 사람과 대화할 때도 자신감 있게 우렁찬 목소리로 말하세요.

자신의 약점보다 장점을 바라보세요. 이제 그런 노력으로 나도 항상 자신감으로 가득찬 어린이가 될 수 있을 거예요.

'자신감!'

그것을 가지고 있는 사람은 이미 성공하는 인생의 길을 걸어가는 사람이랍니다.

'성공의 절반은 자신감이다'라는 미국 속담도 있기 때문이지요.

9일

약속을 잘 지키는 나는 친구에게 '믿음맨'

약속을 잘 지키는 습관
지킬 수 없는 약속보다는 당장의 거절이 낫다. - 덴마크 속담

작은 것일수록 더 잘 지켜야 한다.

이것을 잘 지키는 사람은 다른 사람들에게 믿음을 주지만, 이것을 잘 지키지 않는 사람은 다른 사람들에게 불신을 준다.

지킬 수 없다면 아예 하지 않는 편이 낫다.

이것은 무엇일까요? 바로 '약속'이랍니다. 우리 친구들 중에는 참 쉽게 약속을 하고, 지키는 것은 참 어려워하는 친구들이 있습니다. 하지만 우리는 그 반대로 해야 합니다.

약속은 신중하게 생각해서 하고, 일단 약속한 것은 반드시 지켜야만 합니다. 말하기는 쉬워도 실천은 어려운 것처럼, 약속 또한 하기는 쉽지만 지켜내는 것은 어려운 법이지요.

'에이, 그깟 약속쯤이야 어기면 어때?'

이런 생각은 너무도 무책임한 생각이랍니다.

크건 작건 모든 약속은 소중하게 지키는 습관을 가져야 합니

다. 작은 약속 하나도 소중하게 지킨 사람의 이야기를 들려 줄 게요.

옛날에 '해가 지지 않는 나라' 라고 불리던 나라가 있었답니다. 바로 영국입니다. 예전에는 세계에서 가장 큰 힘을 가진 나라가 바로 영국이었습니다. 그 중에서도 빅토리아 여왕(1819-1901)이 통치하던 64년 동안이 영국 최고의 전성기였습니다. 이렇게 될 수 있었던 것은 정직하고 약속을 잘 지키기로 유명했던 영국의 수상 팔머스틴이 있었기 때문입니다.

어느 날 그가 다리를 지나고 있었습니다. 그 때 맞은 편에서 한 소녀가 우유통을 들고 다리를 건너다 그만 넘어졌습니다.

우유는 땅바닥에 다 쏟아졌고 소녀는 울고 있었습니다.

"애야, 다친 데는 없니? 아파서 우는가 보구나?"

"아뇨. 아프지 않아요. 우유 때문에……."

팔머스틴은 호주머니를 뒤져 보았습니다.

"어쩌지, 지금 내가 지갑을 가져오지 않았구나. 내일 이 시간에 이 곳에 나오면 내가 우유 값을 주마."

다음 날이 되었습니다. 팔머스틴 수상은 런던 시장과 이야기를 나누기로 약속했습니다.

"아차!"

그는 비서에게 무슨 말을 하고 어디론가 달려갔습니다. 그는 어제 소녀와 약속한 다리로 달려간 것입니다.

"얘야, 여기 있다. 이 돈으로 다시 우유를 사렴."

팔머스틴 수상은 그렇게 바쁜데도 불구하고 소녀와의 약속을 지킨 것입니다.

'지킬 수 없는 약속보다는 당장의 거절이 낫다'는 덴마크 속담이 있답니다. 위의 이야기처럼 작은 약속이라 할지라도 한번 한 약속은 반드시 지켜야 합니다. 그럼 약속을 어떻게 해야 하는지 알아보도록 해요.

첫째, 지킬 수 없는 약속은 처음부터 하지 않아야 합니다.

둘째, 약속한 것을 메모지나 달력에 기록해 둡니다.

셋째, 약속할 때는 만날 장소, 시간, 만나는 이유 등을 정확하게 이야기합니다.

넷째, 약속 내용을 가끔씩 확인합니다.

그럼 만일의 경우 약속을 어기게 됐을 때는 어떻게 행동해야 할까요?

첫째, 사정이 생겨 미안하다고 사과하고 용서를 빕니다.

둘째, 약속을 어기게 되었을 때는 최대한 빨리 그 사람에게 알려 주어야 합니다.

셋째, 다른 사람의 핑계를 대지 않습니다.

넷째, 다른 사람이 나와의 약속을 어겼을 때는 화를 내기 전에 그 사람의 사정부터 먼저 들어 봅니다. 이것만 잘 지켜도 여러분은 신용 있는 친구가 될 거예요.

다른 친구들이 나를 보면 살포시 믿음의 미소를 짓게 되는 그런 사람이 될 거예요.

10일

'지금'이라는 시간은 내 인생 최고의 시간

'지금'이라는 시간에 열심히 하는 습관
내일은 노련한 사기꾼이다. 또한 속기도 쉽다.
그의 사기는 언제나 그럴 듯하기 때문이다. - S. 존슨

"오늘부터 줄넘기 100개씩 하기로 했지? 오늘은 피곤하고 시간도 늦었으니까, 내일부터 하지 뭐."

"아 참, 오늘 숙제가 있었지? 에이, 까짓것 내일 하지 뭐."

내일로 미루는 것. 그것은 우리 친구들이 가장 흔히 저지르는 잘못된 습관입니다.

'내일부터 할 것이다.'

'다음부터는 꼭 할 것이다.'

우리 친구들은 스스로에게 이런 핑계를 많이 대는 편이지요.

하지만 대부분의 경우 그 일은 '내일'이나 '다음'이 되어도 결코 해낼 수가 없습니다.

아주 큰 기업의 회장이 기자와 인터뷰를 했습니다.

"회장님은 어떻게 이렇게 큰 기업을 운영하며 성공하실 수 있었습니까?"

회장은 웃으면서 대답했습니다.

"뭐, 별다른 것은 없습니다. 나는 지금, 오늘 나에게 주어진 일을 이 다음으로, 내일로 미루지 않았을 뿐입니다."

기자가 말했습니다.

"특별한 것은 아니네요. 그것은 누구나 다 아는 사실 아닙니까?"

회장은 얼굴에 미소를 지으며 다음과 같이 대답했습니다.

"네, 누구나 다 아는 일이지요. 하지만 아무나 다 실천하고 있지는 못한 일이지요."

그렇습니다.

'오늘 할 일을 내일로 미루지 마라.'

이 사실은 여러분들도 잘 알고 있는 일일 것입니다.

하지만 우리는 곧잘 그 사실을 잊어버리고 내일로 미루는 '미룸병'에 걸리곤 하지요.

위의 이야기에서처럼 인생에 성공하는 사람들에게는 일주일에 오늘이 일곱 번 계속됩니다. 반면에 인생에 실패하는 사람들에게는 일주일에 내일이 일곱 번 계속된답니다. 그렇게 미루다 보니 아무 것도 해낼 수 없고, 그러니 인생에 실패하는 것은 어쩌면 당연한 일이지요.

자신의 마음 속에 있는 '내일 하지 뭐.' '이 다음에 하지 뭐.' 이렇게 미루는 습관은 이제 쓰레기통에 버려 버리세요.

S. 존슨이라는 사람이 이런 재미있는 말을 했답니다.

"내일은 노련한 사기꾼이다. 또한 속기도 쉽다. 그의 사기는 언제나 그럴 듯하기 때문이다."

가끔은 귀찮고 힘들어서 내일이라는 사기꾼의 유혹에 넘어가려 할 때도 있겠지요. 하지만 그 사기꾼의 유혹을 이기고 '오늘, 지금, 이 순간'을 선택하는 사람만이 최고의 초등학생이 되는 지름길을 걸어갈 수 있답니다.

　지금 이 순간과 오늘은 화살과 같은 성질을 가지고 있습니다. 그것들은 한번 지나가 버리면 다시는 되돌아오지 않기 때문이지요. 그러므로 여러분은 지금 할 수 있는 일과 오늘 할 수 있는 일을 소홀히 해서는 안 된답니다.

11일

'웃음보따리'를 가진 어린이가 되자

유머 감각을 익히는 습관
우리는 행복하기 때문에 웃는 것이 아니고
웃기 때문에 행복하다. - 윌리엄 제임스

민우는 요즘 고민이 많습니다.

예쁘고 성격도 좋은 지윤이를 좋아하는데, 지윤이는 자신에게 도통 관심이 없기 때문입니다. 도리어 지윤이는 다운이를 좋아하고 있으니 이만저만 고민이 아닙니다.

'아니, 내가 뭐가 부족해? 공부도 다운이보다 잘하고, 축구도 다운이보다 잘하고, 게다가 난 반장이기까지 한데……'

민우는 그 고민을 현철이에게 털어놓았습니다.

현철이는 당연하다는 듯 이렇게 말했습니다.

"야, 그건 당연한 것 아니야? 다운이는 유머 감각이 있잖아. 분위기도 잘 띄우고. 다운이하고 있으면 재미있고 즐거워지니까 그렇지!"

요즘 초등학교 여학생들에게 가장 인기 있는 남학생은 누구일까요?

당연히 재치 있고 유머 감각이 뛰어난 남학생이지요.

요즘은 외모가 잘 생긴 사람보다도 상황에 따라 분위기를 잘 이끌 줄 아는, 유머 감각과 재치를 가지고 있는 사람이 더 인기가 많답니다.

이런 경향은 초등학교에서뿐만이 아닙니다.

어른이 되어 사회 생활을 할 때에도 마찬가지랍니다. 유머 감각이 뛰어난 사람은 재치도 뛰어나고 사람들을 이끄는 리더십도 있습니다.

미국의 보브 돌이라는 전 상원의원은 『위대한 정치 재담(Great Political Wit)』이라는 책에서 리더십과 유머 사이에 밀접한 관계가 있다고 말했습니다.

'20세기의 가장 성공적인 대통령을 꼽으라면 루스벨트와 레이건 대통령이다. 이 둘 사이에는 공통점이 있는데, 그것은 둘 다 남다른 유머 감각을 지녔다는 점이다.'

유머는 삶을 즐겁게 합니다. 이제 유머 감각이 없는 사람은 성공할 수 없는 시대가 되었습니다. 유머는 자동차로 치면 '기름'과 같답니다. 차가 아무리 좋아도 기름이 없으면 가지 못하는 것과 마찬가지로 요즘에는 유머가 없으면 치열한 경쟁에서 살아남기 힘듭니다.

그렇기에 '나는 유머 감각이 없는데 어떻게 하지?' 하며 고민만 하고 있어서는 안 됩니다. 유머 감각을 기르기 위해 '재미있는 이야기'를 하나씩 적어 두고, 책을 읽으면서 사람들이 즐거워할 부분을 메모해 두세요. 이런 일을 시작하는 것부터가 '웃음보따리'를 만드는 것이랍니다.

처음부터 유머 있는 사람이 되기는 쉽지 않지요. 하지만 '웃음보따리'를 많이 마련해 두고 많이 연습하면 어느새 자신의 주위로 친구들이 모이게 된답니다. 그리고 무슨 일이든 처음부터 잘 되는 일은 없습니다. 처음에는 말을 해도 썰렁해지고 사람들이 웃지 않지만, 자신감을 가지고 계속 '웃음보따리'를 마련해두고 연습하면 어느 순간부터는 사람들이 웃기 시작할 겁니다.

인기 개그맨 유재석 씨가 이런 말을 했답니다.

"남들은 우리가 어느 날 갑자기 개그맨으로 유명해졌다고 생각하곤 합니다. 하지만 개그는 재능이 아니라 노력입니다. 그만큼 많이 연구하고, 많이 공부해야 유머 감각도 늘어납니다."

　아시겠죠? 지금부터라도 사람들 앞에서 자신 있게 이야기하고, '웃음보따리'를 잘 마련해두는 일. 그것이 훗날 유머 있는 사람으로 인정받는 방법이라는 것을.

12일

내가 어느 순간에 '양치기 소년' 으로 변해 버리는 건 아닐까?

거짓말하지 않는 습관
한 가지 거짓말을 하는 자는 자기가 얼마나 무거운 짐을 지게 될지 전혀 모른다. 왜냐하면 하나의 거짓말을 하기 위해서는 다른 거짓말을 스무 개나 하지 않으면 안 되기 때문이다.
　　　　　　　　　　　　　　　　　　　　　　　　　－조나단 스위프트

미국에서 거짓말 대회가 열렸습니다.

전국에서 거짓말을 제일 잘한다고 자부하는 사람들이 몰려들었습니다.

참가한 모든 사람들이 거짓말을 너무도 잘했습니다.

"나는 로키산에 있는 가장 큰 나무를 이쑤시개로 사용하고 있습니다."

"나는 물 위를 뛰어다닐 수 있습니다." 등 많은 사람들이 자신의 거짓말이 최고라고 자랑했습니다. 그 화려한 거짓말들 중에서 일등이 결정되었습니다. 사람들은 그의 거짓말이 최고라고 엄지손가락을 치켜세웠습니다.

그는 이렇게 말했습니다.

"저는 다른 사람들의 손에 떠밀려 이 대회에 나오기는 했습니다. 하지만 저는 일등할 자신이 없습니다. 왜냐하면 저는 태어나서 지금까지 단 한 번도, 단 한 번도 거짓말을 해 본 적이 없기 때문입니다. 전 양심 때문에 거짓말을 하지 못합니다. 전 거짓말을 할 줄 모르기 때문에 더 이상 할 말이 없어서 이야기를 마치겠습니다."

어떤가요? 이런 말이 최고의 거짓말이 될 수 있다는 것. 이상하지 않으세요? 우리가 그만큼 거짓말을 자주 하고 있다는 증거랍니다.

'거짓말!'

그것은 친한 친구 사이를 갈라놓고, 나 자신을 쓸모없는 사람으로 만들어 버리고 마는 것이랍니다. 거짓말은 애초에 처음 한 번 하지 않는 것이 중요합니다. 거짓말의 특징은 그것이

꼬리에 꼬리를 물어 계속 반복된다는 점입니다.

조나산 스위프트라는 사람은 거짓말에 대해서 이렇게 말했답니다.

"한 가지 거짓말을 하는 자는 자기가 얼마나 무거운 짐을 지게 될지 전혀 모른다. 왜냐하면 하나의 거짓말을 하기 위해서는 다른 거짓말을 스무 개나 하지 않으면 안 되기 때문이다."

여러분에게도 이런 경험들이 있을 거예요. 당장 곤란한 상황에서 벗어나기 위해 거짓말을 했는데, 그 거짓말이 들통날까 봐 또 거짓말을 하게 되고, 다시 거짓말을 하게 된 경험 말이에요. 그런 일이 자꾸 반복되다 보면 친구들에게서 신뢰를 잃게 된답니다.

"저 아이는 거짓말을 밥 먹듯이 하는 아이야."

"난 저 애의 말은 안 믿어. 거짓말을 입에 달고 사니까."

친구들이 그렇게 믿게 되면 더 이상 내 주위에는 진실한 친구가 남아 있지 않게 됩니다. 그것뿐 아니랍니다. 거짓말의 나쁜 점은 다름 아닌 나 자신을 속이는 데 있습니다.

다른 사람에게 거짓말을 하는 것도 나쁜 일이지만, 자기 자신을 속이는 것은 더 나쁜 일입니다.

선생님이 언젠가 우리 반 아이들에게 자기 집 가훈을 조사해 오라는 숙제를 낸 적이 있습니다. 그랬더니 가장 많이 나온 가훈이 바로 이것이었답니다.

'정직!'

이 책을 읽고 있는 친구들 중에도 자기 집 가훈이 '정직'인 친구들이 많을 거예요. 이제 집 앞에 걸어두는 문패처럼 나의 가슴에도 '정직'이라는 단어를 새겨두세요. 거짓말이 내 마음을 유혹해도 '정직'이라는 골키퍼를 세워두면 절대 들어오지 못하게 되니까요.

13일

'만남'과 '인연'은 내 인생을 성공으로 만드는 마술램프

만남과 인연을 소중히 여기는 습관
만남은 시작이 중요하다. 만남을 시작하는 순간의 관계는 쉽게 지워지지 않는다.

"살려 주세요! 어푸! 어푸!"

시골의 호숫가에서 물에 빠진 소년이 다급하게 소리치고 있었습니다. 사람들은 발만 동동 구르고 있었습니다. 그 때 한 소년이 웃옷을 벗어던지고 물로 뛰어들었습니다. 물에 빠진 소년은 구출되었습니다. 옷차림을 보니 한눈에도 그 소년은 부잣집 아이인 것을 알 수 있었습니다.

"고마워. 이 은혜 절대 잊지 않을게!"

10년의 세월이 흘러갔습니다. 구조된 소년은 시골 소년이

보고 싶어 다시 그 호수를 찾았습니다.

"오랜만이야. 넌 내 생명의 은인이잖아. 보고 싶어 왔어."

시골 소년과 이야기를 나누던 부잣집 소년은 한 가지 사실을 알게 되었습니다. 시골 소년은 의사가 되고 싶었는데, 가정이 어려워 대학 등록금이 없었던 것입니다. 부잣집 소년은 집으로 돌아가 아버지에게 그 사정을 이야기했습니다.

아버지는 시골 소년의 등록금을 마련해 주었고, 그 소년은 의과 대학에 진학할 수 있었습니다. 훗날 시골 소년은 페니실린을 발명하였습니다. 그 소년의 이름은 영국 최고의 의학자 알렉산더 플레밍 박사입니다. 그는 부잣집 소년에게 인생의 조언을 많이 해 주었습니다.

부잣집 소년은 훗날 영국 최고의 정치가가 된 윈스턴 처칠 수상입니다. 두 사람의 만남, 두 사람의 인연은 이처럼 아름다운 결과를 만들어 냈습니다. 이 넓은 세상과 수많은 사람들 중에서의 만남은 참으로 대단한 만남이며 인연이랍니다.

이처럼 만남은 자신의 인생을 송두리째 바꿔 버릴 수도 있기 때문입니다. 우리 반 친구들을 떠올려 보세요. 그리고 생각해 보세요.

60억 인구가 사는 이 지구에서 하필 우리 나라에 태어났고, 4,900만 인구가 사는 우리 나라에서 하필 같은 초등학교에서 만났고, 그 많은 우리 학교 아이들 중에서 하필 같은 반 친구로 만났다는 것. 그것은 참으로 대단한 만남이며 대단한 인연이 아닐 수 없습니다.

　만남은 학교에서만 이루어지는 것이 아닙니다. 여러분은 자라는 동안 수많은 사람들을 만나며 살아가게 됩니다. 만남과 인연은 우리의 의지대로만 되지는 않지만, 그 만남을 유지하고 인연을 만들어 가는 것은 우리의 의지에 따라 할 수 있는 일이랍니다. 그러므로 작은 만남, 작은 인연이라도 소중히 여기는 사람이 되어야 합니다.

　만남은 사막의 오아시스처럼 반갑고 소중한 것이 될 수도 있고, 그냥 한번 보고는 다시 보지 못하는 안타까운 만남이 될 수도 있습니다.

　만남과 인연은 정원 가꾸기와 같은 것입니다. 꽃이 만발하고, 나무가 자라나도 그대로 방치하면 무질서하고 아름답지 못합니다. 하지만 꽃을 다듬어 주고, 아무렇게

나 자라난 나뭇가지를 가꾸어 주면 정원은 아름다운 정원이 됩니다.

　만남과 인연도 마찬가지랍니다. 그것을 소중히 여기고 가꾸는 노력이 있을 때 그 만남과 인연은 향수처럼 달콤한 향기를 내뿜게 된답니다.

　나의 만남과 인연은 손수건 같은 것이 되도록 하세요. 상대방이 슬플 때 눈물을 닦아 주고, 상대방이 땀 흘릴 때 그 땀을 닦아 주는 손수건 같은…….

　나의 만남과 인연은 소나무 같은 것이 되도록 하세요. 한때 아름다웠다가 시들어 버리는 꽃이 아니라, 오랜 시간 동안 늘 푸르름을 간직하고 하늘을 향해 우뚝 서 있는 소나무 같은…….

14일

좋은 생각이 좋은 사람을 만든다

긍정적인 생각과 말을 사용하는 습관
삶은 부메랑이다. 우리들의 생각, 말, 행동은 언제가 될지는 모르지만 틀림없이 되돌아온다. 그리고 희한하게도 우리 자신을 그대로 명중시킨다. - 프로랑스 스코벨 쉰

한 유명한 신발 회사에서 아프리카로 두 명의 직원을 보냈습니다.

아프리카의 조그만 나라에 신발을 수출할 수 있을지 알아보기 위해서였습니다.

아프리카의 조그만 나라에 도착한 두 사람은 깜짝 놀랐습니다. 그리고 회사 사장님에게 전화를 걸었습니다.

한 사람은 이렇게 말했습니다.

"사장님, 신발 수출은 도저히 불가능합니다. 이곳 사람들은

아무도 신발을 신고 있지 않습니다."

다른 한 사람은 이렇게 말했습니다.

"사장님, 이곳은 우리 신발을 마음껏 수출할 수 있는 곳입니다. 지금 이곳 사람들은 아무도 신발을 신고 있지 않기 때문입니다."

어떤가요? 똑같이 신발을 신고 있지 않은 모습을 보았는데 한 사람은 희망적으로 생각하였고, 한 사람은 절망적으로 생각했죠?

세상 모든 일이 이와 같답니다. 똑같은 일, 똑같은 상황에서도 어떤 사람은 긍정적으로 생각하고, 어떤 사람은 부정적으로 생각합니다.

그런데 긍정적으로 생각하고 말하는 것과 부정적으로 생각하고 말하는 것에는 어떤 차이가 있을까요?

플로랑스 스코벨 쉰이라는 사람이 이런 말을 했답니다.

'삶은 부메랑이다. 우리들의 생각, 말, 행동은 언제가 될지

는 모르지만 틀림없이 되돌아온다. 그리고 희한하게도 우리 자신을 그대로 명중시킨다.'

 이 말은 긍정적으로 생각하고 말하면 내 삶도 긍정적이고 좋은 쪽으로 변한다는 뜻이에요. 반대로 부정적으로 생각하고 말하면 내 삶도 부정적이고 나쁜 쪽으로 변해 버린다는 뜻이랍니다.

 선생님께서 숙제를 내 주시면,

 "우리 선생님은 심통쟁이야. 우리를 괴롭히려고 숙제를 많이 내 주시는 거야"라고 부정적으로 생각하기보다는, "이건 우리에게 꼭 필요한 지식이야. 선생님께서 숙제를 내 주신 건 그것에 대해 분명하게 알게 하기 위함이야."
라고 긍정적으로 생각하세요.

 그러면 숙제를 통해 공부한 내용이 머리에 쏙쏙 잘 들어온답니다.

 교실 청소 시간에 자신이 청소 당번이라면, "에이, 청소하기 싫어. 이딴 것 해서 뭐해?"라고 불평하기보다는 "그래, 청소를 깨끗이 하면 먼지도 마시지 않게 되고 청소하면서 운동이 되니까 기분도 상쾌해지잖아." 이렇게 긍정적으로 생각하세요. 그러면 청소도 더 신나게 할 수 있게 된답니다.

　자신의 생활을 한번 반성해 보세요.

　나는 어떤 어려운 일이 닥쳤을 때, "해낼 수 있어!"라며 파이팅을 외치는 사람인지, 아니면 "내가 그런 걸 어떻게 해? 난 못해."하고 부정적으로 생각하고 도망치는 사람인지를요.

　항상 긍정적인 생각, 긍정적인 말을 사용하는 사람이 되세요. 긍정적인 생각과 말을 사용하는 사람은 행복 기술자가 되지만, 부정적인 생각과 말을 사용하는 사람은 불행의 조수가 되거든요.

2주. 생각습관 기르기
― 친구들에게 인기를 얻는 습관

어린이 여러분이 한 주 동안 지내면서 좋은 습관을 기르기 위해 얼마나 노력했는지 점검해 보는 코너입니다. 실천했다면 □ 안에 ∨표 해 보세요.
∨표가 많아질수록 더 멋있게 변화된 자신의 모습을 발견할 거예요.

- ☐ **늘 잘할 수 있다는 자신감과 믿음을 갖는 습관**
  반에서, 또는 교내에서 열린 장기자랑 시간에 용기를 내어 나가본 적이 있다.

- ☐ **약속을 잘 지키는 습관**
  친구와 한 약속을 3회 이상 지켰다.

- ☐ **'지금'이라는 시간에 열심히 하는 습관**
  오늘 해야 할 일을 미루지 않고 해결한 것이 3회 이상 있다.

- ☐ **유머 감각을 익히는 습관**
  유머를 익히기 위해 3회 이상 노력했다.

- ☐ **거짓말하지 않는 습관**
  불리한 상황이었지만 정직하게 행동하고 거짓말을 하지 않았다.

- ☐ **만남과 인연을 소중히 여기는 습관**
  친구와 주중에 만나서 즐겁게 이야기를 나누었다.

- ☐ **긍정적인 생각과 말을 사용하는 습관**
  나쁜 생각이 들 때, 긍정적으로 생각하고 예쁜 말을 사용한 적이 3회 이상 있다.

생각이 바뀌면 태도가 바뀌고, 태도가 바뀌면 행동이 바뀌고, 행동이 바뀌면 습관이 바뀌고, 습관이 바뀌면 인격이 바뀌고, 인격이 바뀌면 운명이 바뀐다.
― 윌리엄 제임스

마음습관 기르기

– 나와 남을 사랑하는 습관

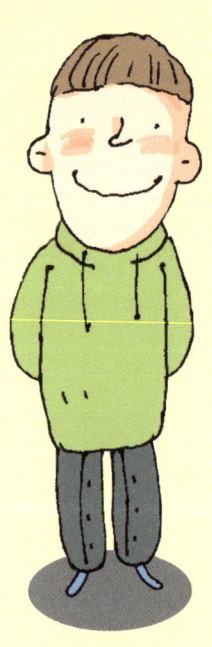

이번 주에 우리 친구들이 실천할 습관은 '나와 남을 사랑하는 습관'이에요. 하루하루 여기에 있는 습관을 실천하다 보면, 어느새 **나뿐 아니라 다른 사람도 배려하고 있는 나**를 발견하게 될 거예요.

화가 날 때는 하나, 둘, 셋 마음 속으로 헤아리자

화나는 일이 있을 때 한 번 더 생각하는 습관
화가 날 때 자신에게 하루만 시간을 주어라. 하루가 지난 뒤에도 화가 나면 화를 내라. 그것이 너그러운 사람이 되는 비결이다.
– 데일 카네기

하영이는 평소에 화를 잘 내는 아이였습니다. 하영이는 그런 자신의 버릇을 고쳐야겠다고 생각했습니다. 하영이는 선생님을 찾아가 어떻게 하면 화를 내지 않고 생활할 수 있느냐고 물었습니다.

"응, 하영아. 선생님이 상자를 하나 줄게. 지금부터 일주일 동안 네가 화가 날 때마다 화가 난 내용을 종이에 적어서 이 상자에 넣어두렴. 이 상자는 절대 열어 보면 안 된단다. 일주일 후에 선생님에게 가져오렴. 그래서 선생님과 같이 펼쳐 보자."

하영이는 일주일 동안 가끔 화가 났습니다. 그럴 때마다 화를 참고 그 내용을 종이에 적어 상자에 넣어두었습니다. 일주일이 지났습니다. 하영이는 상자를 들고 선생님께 갔습니다.

선생님은 상자를 열고 종이를 한 장씩 꺼내어 읽었습니다.

"동생이 내 아이스크림을 먹어서 화가 났음."

"수업 시간에 짝꿍이 연필을 빌려 주지 않아서 화가 났음."

선생님이 하나씩 읽어 주셨습니다.

그런데 하영이는 그 일이 잘 떠오르지 않았습니다.

"어떠니, 하영아. 화라는 것은 그 때 당시에는 큰 것처럼 느껴지지만, 시간이 지나면 별것이 아닌, 하찮게 느껴지는 것이 대부분이란다. 화가 날 때는 이렇게 하루나 이틀 정도 화가 난 사실에 대해서 생각하지 말고 무관심하렴. 그러면 화는 저 멀리 도망가 버린단다."

가끔씩 여러분도 화가 날 때가 있죠?

그럴 때는 버럭 신경질부터 내면 안 된답니다. 화라는 것은

보통 순간적으로 감정이 격해지기 때문에 생겨나는 것이죠.

화라는 것은 풍선에서 바람이 빠지는 것과 똑같습니다. 풍선에 바람을 불어넣으면 풍선은 빵빵하고 커집니다. 그런데 하루가 지나면 바람이 빠져서 조금 작아집니다. 그리고 하루가 더 지나면 바람이 많이 빠져서 아주 조그맣게 되지요. 화도 마찬가지랍니다.

화나는 일이 생겼을 때는 천천히 그 일을 한 번 더 생각해 보세요. 그리고 하루나 이틀 동안 그 일에 대해서 화 내기를 미루어 보세요. 그렇게 이틀 정도가 지나면 화는 굉장히 조그맣게 줄어들어 있을 거예요. 심지어 '그만한 일에 내가 화를 냈단 말이야?' 하고 부끄러워지기까지 할 거예요.

데일 카네기란 분은 이렇게 말했답니다.

"화가 날 때 자신에게 하루만 시간을 주십시오. 하루가 지난 뒤에도 화가 나면 화를 내십시오. 그것이 너그러운 사람이 되는 비결입니다."

그래요. 화라는 것은 한 번 더 생각하고, 하루 더 생각해 보면 하찮은 것으로 줄어들어 있기 일쑤랍니다. 화라는 것은 잘

다스리지 못하면 나에게나 상대방에게나 아주 큰 피해를 주기도 합니다.

좀더 상대방을 이해하고 내가 조금만 더 욕심을 작게 부렸다면, 내가 좀더 참고 좀더 이해했다면 아무 일도 없었을 텐데, 화는 그런 마음을 가로막고 만답니다.

우리 친구들은 숙제나 공부는 미루기를 좋아하면서 화내는 일은 왜 미루지 않는지 모르겠어요. 세상에서 유일하게 미루어도 되는 일, 그것은 바로 화를 내는 일이랍니다.

16일

나만큼 소중한 동물, 식물 친구!

동물과 식물을 기르는 습관
모든 피조물을 사랑하게 될 때, 당신은 모든 피조물을
창조하신 하나님의 신비로움을 이해하게 된다. – 도스토예프스키

'오늘은 마음이 아픈 날이다. 우리 가족인 로미가 아프기 때문이다. 로미가 밤새 잠을 자지 못하고 낑낑거리는 모습을 보니 내 가슴이 아파 왔다.'

선생님은 요즘 이런 일기를 자주 본답니다. 로미가 누굴까요? 우리 반 친구가 집에서 키우고 있는 애완 강아지 이름이랍니다. 이처럼 최근에는 애완동물을 키우는 가정이 부쩍 늘어났습니다. 심지어 자신의 가족이 모두 몇 명이냐는 질문에 애완동물까지 합쳐서 말할 정도니까요.

애완동물이나 식물을 키우면 무엇이 좋을까요? 먼저 동물을 키울 때의 좋은 점은 정서적으로 안정이 된다는 것입니다. 동물은 있는 감정을 그대로 표현하고 사람과 교감하며 어울릴 수 있습니다. 또 애완동물이 자유롭게 노는 모습과 재롱부리는 모습은 집안 분위기를 즐겁게 하기도 하지요.

그리고 식물을 키우면 우선 집 안의 공기가 맑아지고 아름다운 꽃을 피우기 때문에 집 안 환경이 더욱 보기 좋아진다는 장점이 있습니다.

또한 삶의 의욕이 증가하고, 사회성이 발달하게 된다는 연구 결과도 많답니다. 하지만 선생님은 그것보다 더 중요한 점이 있다고 생각해요. 그것은 동물을 키울 때나 식물을 키울 때나 같아요. 이제 이야기로 예를 들어볼게요.

'정혜는 고양이 비키를 너무도 좋아합니다. 비키는 장난도 잘 치고, 하는 행동도 귀여워 정혜를 무척 즐겁게 해 주기 때문입니다. 하지만 삼일 전부터 정혜는 기분이 좋지 않습니다. 학교 시험을 잘 못쳤기 때문이지요. 그런데 비키도 덩달아 그렇게 되어 버렸습니다.

삼일 동안 목욕도 시키지 않았고, 비키의 대소변은 집 안에

뒹굴고 있었으며, 예방 접종을 하지 않아 전염병에도 걸려 버린 것입니다.'

'윤주는 꽃을 아주 좋아합니다. 그 중에서도 음악이 나오면 춤을 추는 '무초'라는 식물을 제일 좋아합니다. 집에서 키우면서 부지런히 물을 주고, 햇볕도 쬐게 해 주었습니다. 그랬더니 무초는 정말 춤을 추는 것처럼 보였습니다. 윤주는 참 재미있었습니다. 며칠 뒤 윤주는 가족과 함께 여행을 갔어요. 삼일 동안 여행을 다녀온 후 윤주는 깜빡하고 무초에 물을 주지 않았습니다.

그렇게 일주일이 지났습니다.

'아참, 무초에게 물을 줘야지.'

윤주는 물뿌리개를 가지고 화분 앞으로 갔지만, 무초는 이미 시들어 있었습니다.'

누군가를 좋아한다는 것은, 무언가를 좋아한다는 것은 그것에 대해 책임까지 진다는 뜻을 포함합니다. 정혜의 예처럼 내가 기분이 좋을 때는 좋아하다가 내가 시무룩할 때는 소홀히 하면 애완동물의 위생 상태는 엉망이 되고 만답니다. 윤주의 예처럼 바쁘다는 핑계로 잊어버리고 물을 주지 않으면 식물은 곧 시들어 죽고 만답니다.

　애완동물이나 식물을 키울 때는 이처럼 자신이 그것에 대한 책임을 다해야 합니다. 그리고 사람을 대하는 것처럼 동물과 식물도 배려할 줄 아는 마음을 가져야 하구요. 이것은 여러분들이 커서 사회 생활을 할 때도 마찬가지랍니다.

　애완동물과 식물을 키우면서 그런 책임감과 상대방에 대해 배려하는 마음을 키워 보세요.

17일

세상에서 가장 어리석은 사람은? 나만 아는 사람!

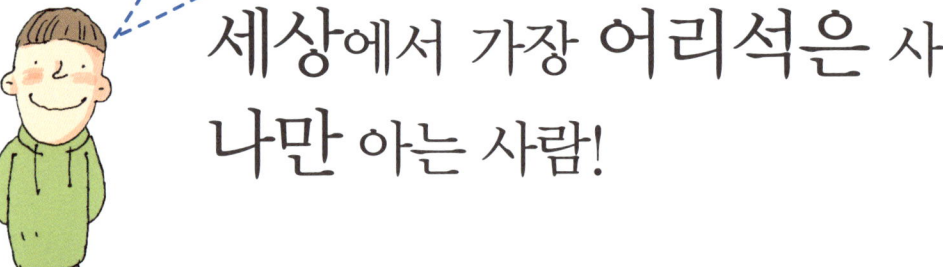

나보다 우리를 소중하게 생각하는 습관
타인을 자기 자신처럼 존경할 수 있고, 자기가 하고 싶다고 생각하는 것을 타인에게 할 수 있다면, 그 사람은 참된 사랑을 알고 있는 사람이다. -요한 볼프강 괴테

 그 날은 몹시도 추운 날이었답니다.
 아무리 12월이라고는 해도 너무 추워서 김 선생님은 손을 호호 불며 교실로 들어갔습니다. 교실에 들어가니 밖보다 더 추운 것 같습니다. 그래서 교실을 돌아보니 창문이 전부 열려 있는 것이었습니다.
 "애들아, 너희는 춥지도 않니? 빨리 창문 닫아."
 그런데 어찌 된 일인지 아무도 창문을 닫으려 하지 않는 것이었습니다. 김 선생님은 아이들이 자신의 말을 무시하는 것 같아 조금 화가 났습니다.

"빨리 창문 닫으란 말이야." 그래도 아무도 일어서지 않았습니다. 선생님은 화가 나 반장을 앞으로 불렀답니다.

"반장, 아이들이 왜 선생님 말을 듣지 않니? 너희들은 안 추워?"

반장은 고개를 숙인 채 아무 말도 하지 않았어요. 선생님은 더 이상 화를 내서는 수업을 할 수 없을 것 같아 그냥 수업을 시작했답니다. 그렇게 한 시간의 수업이 끝나고 선생님은 화장실로 가려고 했습니다. 그 때 반장이 살며시 따라나왔습니다. 반장은 머리를 긁적이며 말했습니다.

"선생님, 사실은 그럴 사정이 있었어요. 점심 시간에 선생님께서 교무실에 가셨을 때의 일이에요. 점심 시간에 다리가 불편한 영준이가 속이 좋지 않았던지 그만 설사를 했어요. 옷도 버리고 교실이 온통 냄새로 가득 찼었거든요. 우리 반 아이들 몇 명이 영준이를 씻겨 주고 옷도 갈아 입혀 주

면서 서로 의견을 모았어요. 영준이가 부끄러워하지 않게 이 사실을 우리 반 아이들 외에는 아무도 모르게 하자고요. 그래서 추운 겨울에 온 창문을 다 열어 놓고 선생님께 말씀도 못 드린 거예요."

영준이는 다리가 불편하고 내성적인 아이라 아마 친구들에게 화장실에 가게 도와 달라고 말하지 못했나 봅니다.

친구의 실수를 너그럽게 안아 주기 위해 비밀로 했던 아이들을 생각하니 김 선생님의 가슴에는 작은 보름달 같은 미소가 새겨졌습니다.

어떤가요? 참 감동적인 이야기지요. 세상은 나 혼자 살아갈 수 없는 곳이랍니다. 내가 아무리 잘나고, 내가 아무리 똑똑하고, 내가 아무리 부자라도 나 혼자서만 세상을 살아갈 수는 없는 법이지요. 그러니 항상 어떤 일을 하고 행동할 때는 '나'가 아닌 '우리'를 먼저 생각해야 한답니다.

나의 도움을 필요로 하는 친구들에게 언제든지 대가를 바라지 말고 베풀고 도움을 주는 사람이 되세요.

베풀고 배려하는 마음은 전염이 되는 법이랍니다. 그리고 살다 보면 내가 다른 사람을 도와 줄 일만 있는 것이 아니라, 반드시 나도 다른 사람의 도움을 받아야 할 때가 생긴답니다.

그 때는 내가 전염시킨 배려하는 마음을 상대방이 나에게 주게 되지요.

내가 만나는 모든 사람들을 '남'이라고 생각하지 마세요.

나와 상관 없는 사람은 이 세상에 아무도 없답니다.

도움을 주기도 하고 받기도 하면서, 그렇게 서로가 서로를 배려하고 도우면서 세상은 좀더 아름다운 곳으로 변해 가는 것이니까요.

세상은 '나'보다 소중한 '우리'가 있어 아름답습니다.

18일

마법의 말 사용하기

마법의 말을 사용하는 습관
말도 아름다운 꽃처럼 그 색깔을 지니고 있다. - E. 리스

'저 애는 왜 친구들에게 인기가 많은 거지?'

'얼굴도 별로고, 공부도 나보다 못하는데 도대체 왜 친구들이 저 아이를 좋아하는 거지?' 라는 생각이 들 때가 있지요?

무언가 특별하게 뛰어난 점이 없는 것 같은데도 주위에 사람이 몰리는 친구가 있습니다. 그런 친구들은 대부분 마법의 말을 사용한답니다. 마술사도 아닌데 무슨 마법의 말이냐고요?

평범한 사람에게도, 시금치 먹은 것처럼 다른 사람에게 힘이 되는 마법의 말, 마음에 용기의 바람을 일으키게 하는 마법의

말, 절망에 빠진 사람에게 희망을 심어 주는 마법의 말을 할 수 있는 능력이 있답니다.

"고맙습니다." "감사합니다."

이런 말을 선생님, 부모님, 이웃 어른 등 다른 사람에게 해 주세요. 그 말을 듣는 사람은 마법에 빠지게 된답니다.

'어, 저 아이는 나를 인정해 주잖아? 저 아이는 예의가 바르고 착한 아이잖아. 이번에 저 아이를 다시 봤는걸!' 하고 생각하게 된답니다.

"고맙습니다." "감사합니다."라는 말뿐 아닙니다.

친구에게는 항상 그 친구의 장점을 말해 주고, 칭찬을 해 주고, 격려해 주는 말을 하세요. 그런 말들도 굉장한 마법을 지닌 말들이랍니다.

어느 할아버지가 놀이터에 나온 동네 꼬마들에게 늘 사탕을 나누어 주었습니다. 인자한 할아버지에 대한 소문은 이웃 동네에도 퍼져나갔습니다.

많은 어린이들이 찾아와 할아버지께 사탕을 얻어먹게 되었습니다. 그러던 어느 날, 이 감동적인 이야기를 취재하기 위해 신문사 기자가 찾아왔습니다.

"할아버지, 이 일을 하시게 된 이유가 무엇인가요?"

할아버지는 미소를 지으며 대답하셨습니다.

"자라나는 우리 꼬마들에게 좀더 많은 사랑을 주고 싶어서 아이들이 좋아하는 사탕을 주게 되었소."

기자가 물었습니다.

"그렇다면 이 일을 하시면서 가장 기억에 남는 일은 무엇이었습니까?"

그 질문을 들은 할아버지는 얼굴을 찡그리셨습니다.

"그건, 사탕을 받은 아이 중에서 '감사합니다' 라고 인사하는 아이가 거의 없었다는 점이오."

그래요. 우리는 감사와 고맙다는 인사에 너무도 인색하답니다. 표현할 줄 모르는 것이지요. 의사 표현을 잘하는 것도 성공하는 사람들의 공통점 중 하나랍니다. 그것뿐 아니에요.

말은 부메랑과 같답니다. 내가 상대방에게 던진 말은 다시 나에게 돌아와 명중하게 됩니다. 다른 사람에게 친절하게 대하고 아름다운 말을 하면 그 친절과 말은 다시 나에게 그대로 되돌아옵니다.

바르고 고운 말은 상대방을 기쁘게 하는 마법의 힘을 지녔지만, 예의 없고 부정적인 말은 상대방을 파괴하는 핵폭탄 같은 위력을 가졌답니다.

이제 "고맙습니다." "감사합니다."라는 마법의 말을 자주, 잘 사용하는 여러분이 되세요.

19일

웃는 얼굴은 사람들이 아침에 까치를 본 것 같은 기분을 느끼게 한다

좋은 표정을 가지는 습관
세상은 거울이기 때문에 들여다보면 자기의 얼굴이 비친다. 이쪽이 얼굴을 찡그리면 저쪽에서도 기분 나쁜 표정으로 이쪽을 바라본다. - 윌리엄 세커리

지윤이네 동네에는 약국이 두 군데 있었습니다.

비슷한 시기에 개업을 했고, 크기도 비슷한 곳이었습니다.

처음에는 두 곳 다 손님이 비슷하게 몰렸습니다. 그런데 시간이 지날수록 한 곳에만 사람들이 몰렸습니다. 한 곳은 사람들이 몰려드는데 한 곳은 장사가 안 되어 파리만 날렸습니다.

장사가 안 되는 약사 아저씨는 도대체 그 이유가 무엇인지 궁금해졌습니다. 그래서 장사가 잘 되는 약국에 들어갔습니다. 그런데 장사가 잘 되는 약국의 입구에는 이런 팻말이 걸려

있었습니다.

'한 순간이라도 미소 짓지 않은 날은 내 인생에서 가장 잘못된 날이다.'

그제야 그 약국이 장사가 잘 되는 이유를 알고 고개를 끄덕였습니다. 어떤가요? 실제로 이런 일은 흔히 일어난답니다.

온화한 표정, 미소 짓는 표정은 누구나 다 좋아합니다. 그러니 그런 가게를 찾는 것은 어찌 보면 당연한 일입니다. 내가 미소를 짓고 있으면 상대방 또한 미소를 짓게 됩니다.

생각해 보세요. 상대방이 인상을 찡그리고, 기분 나쁜 표정을 짓고 있으면 나 또한 그 사람의 표정과 같아지는 경험. 누구나 있죠?

'세상은 거울이기 때문에 들여다보면 자기의 얼굴이 비친다. 이쪽이 얼굴을 찡그리면 저쪽에서도 기분 나쁜 표정으로 이쪽을 바라본다' 라는 윌리엄 세커리의 말이 꼭 맞죠? 그런데 미소 짓고 밝은 표정을

하는 것이 잘 되지 않는다고요? 당연하답니다. 그것도 연습이 필요한 일이기 때문이지요.

그 동안 자주 미소 짓고, 웃는 표정을 하지 않은 탓이예요.

지금 거울이 가까이 있다면 자신의 표정을 한번 살펴보세요.

자신이 늘 찡그리고 기분 나쁜 표정으로 있는 얼굴인지, 아니면 늘 미소를 머금고 웃음 짓고 있는 표정인지를. 찡그리고 있는 표정이라면 미소 짓고 있는 표정으로 당장 고치세요.

그것은 어려운 일이 아니랍니다. 얼굴을 찡그리는 데는 64개의 근육이 필요하지만, 웃는 데는 단 13개의 근육만 있으면 되거든요. 그러니 항상 더 쉬운 웃는 표정, 미소 짓는 표정을 짓도록 노력하세요. 자, 그럼 먼저 준비 운동을 해 볼까요?

'하·헤·히·호·후'라고 발음을 해 보세요. 그리고 입을 가능한 크게 벌리면서 해 보세요. 그래서 입이 자연스럽게 벌어지면 다음 말을 따라해 보세요.

'하와이'

'와이키키'

'위스키'

그러면 입꼬리가 올라가면서 미소 짓는 표정이 된답니다.

물론 눈도 미소 짓는 표정을 하면서 말이에요. 그렇게 조금만 연습을 해도 눈부신 미소를 가진 사람이 된답니다.

'미소 짓는 표정, 웃는 표정'

이것들은 나를 어느 모임, 어느 사람들 사이에서든 환영받는 사람으로 만들어 주는 마법의 힘을 지녔답니다.

처음이 좋아도
끝이 나쁘면 헛수고!

마무리를 잘하는 습관
아홉 길 높이의 산을 만들 때 삽 한 번의 흙이 모자라도
중도에서 그만두면 모두 허사가 된다. – 한국 속담

휘디아스는 그리스 최고의 조각가입니다. 그가 조각한 '다이아나 상'은 사람들이 엄지손가락을 내밀며 최고라고 하는 세계적인 조각이랍니다.

휘디아스가 '다이아나 상'을 조각할 때의 일입니다.

그의 제자가 보기에는 '다이아나 상'이 다 완성되었는데, 휘디아스는 계속 마무리 손질을 하고 있는 것이었습니다.

"스승님, 이제 다 완성되지 않았습니까? 왜 계속해서 손질을 하시는 것입니까?"

"보면 모르나? 지금 다이아나 상의 뒷머리카락 한 올을 다듬고 조각하고 있는 중이네."

제자의 눈에는 그런 스승의 모습이 이상하게 보였나 봅니다.

"스승님, 이 동상은 100m 높이 위에 세워질 동상입니다. 그 부분은 잘 눈에 띄지 않을 것입니다."

휘디아스는 제자의 말에 이렇게 대답했습니다.

"남이 안 본다고 마무리를 제대로 하지 않는 습관을 들이면 결국엔 모든 일에서 마무리가 안 되는 법이지. 마무리를 제대로 하지 않는 사람과 마무리를 제대로 하는 사람의 차이가 꼴찌와 일등의 차이를 만드는 것이라네."

'용두사미'라는 말이 있습니다. '용 머리에 뱀 꼬리'란 뜻입니다. 즉, 시작은 그럴 듯하나 끝이 흐지부지한 경우를 가리키지요. 우리 친구들 중에도 이런 친구들이 너무나 많습니다.

올림픽 경기가 열리면 태권도를 배우겠다며 '우르르' 몰려가고, 월드컵 경기가 열리면 축구를 잘하겠다고 운동장에서 살다시피하는 친구들 말입니다.

그런데 결국에는 아무 것도 잘하지 못하고 맙니다. 처음에는 무엇이든 열심히 하지만 조금만 지나면 시들해져서 열심히 하

지 않기 때문이지요. 공부든, 생활이든 모두 마찬가지랍니다.

　마무리를 잘 짓는 습관을 들이지 않으면 결국 하지 않은 것보다 못할 때가 많습니다.

　처음 시작할 때의 마음으로 끝까지 잘 마무리하는 사람. 그런 사람 앞에 성공의 길은 마법처럼 열리게 된답니다.

　'다 가서 문지방을 못 넘어간다.'

　'아홉 길 높이의 산을 만들 때 삽 한 번의 흙이 모자라도 중도에서 그만두면 모두 허사가 된다.'

　이 속담들은 모두 열심히 하고도 마지막 마무리를 제대로 못하여 헛수고했다는 뜻이랍니다. 일본의 전자 제품이 세계적으로 유명한 이유가, 스위스의 시계가 세계 최고로 인정받는 이유가 바로 마지막 마무리를 어느 나라 사람들보다 꼼꼼하고 정밀하게 하기 때문이랍니다.

　'난 마무리를 항상 잘 못해!'라고 생각하는 친구들은 이렇게 한번 해 보세요.

　모든 일을 할 때는 일의 순서를 정해 놓고 순서대로 하고, 마지막 순서를 꼭 지키는 것입니다.

예를 들면 방 청소를 할 때도 맨 먼저 해야 할 일과 맨 마지막에 해야 할 것을 차례를 정해놓고 하는 것입니다.

첫 번째는 책상 정리, 두 번째는 먼지 털기, 세 번째는 바닥 쓸기, 네 번째는 바닥 닦기, 다섯 번째는 바닥을 닦은 걸레 빨기, 여섯 번째는 용구 정리하기.

이렇게 차례를 정해 놓고 순서대로 하고 맨 마지막 것을 했는지 안 했는지를 점검해 보세요. 그런 식으로 하는 습관을 들이면 공부나 일을 하다가 중간에 흐지부지 그만두는 습관이 고쳐질 거예요.

21일

세상에서 가장 위대한 사랑은 나 자신에 대한 사랑

자신을 아끼고 사랑하는 습관
사람은 반드시 자기 자신을 아끼는 마음이 있어야만 비로소 자기를 이겨낼 수 있고 자기 자신을 이겨낼 수 있어야만 비로소 자신을 완성할 수 있다. - 왕양명

우리 친구들 중에는 늘 이런 물음표를 가슴에 안고 사는 친구들이 있지요.

'도대체 나는 친구들한테 왜 인기가 없을까?'

'나는 왜 이렇게 머리가 나쁠까?'

'키도 작고, 얼굴도 못생기고, 난 잘난 게 하나도 없어!'

한 초등학교에서 이런 일이 있었습니다.

"자, 자신의 장래 희망을 적어 내세요."

아이들은 한참 생각한 후 자신의 장래 희망을 적어 냈습니다. 두 소년이 자신의 장래 희망은 변호사라고 적었습니다.

아이들이 적은 장래 희망을 선생님은 쭉 살펴보았습니다.

선생님은 장래 희망을 변호사라고 적은 두 소년에게 이렇게 말했습니다.

"얘들아, 너희들은 지금 성적으로는 변호사가 될 수 없어."

그러자 한 소년은 이렇게 대답했습니다.

"네, 알겠습니다."

다른 한 소년은 이렇게 대답했습니다.

"지금은 공부를 잘 못하지만 저는 계속 노력할 거예요. 설사 변호사가 안 되어도 나는 훌륭한 사람이 될 거예요."

그렇게 시간이 흘러 두 소년은 어른이 되었습니다.

자신을 과소평가한 소년은 제대로 취직을 못해 길거리의 노숙자가 되었습니다. 반면에

자신을 아끼고 사랑했던 그 소년은 영국의 수상이 되었습니다. 그 소년의 이름은 윈스턴 처칠입니다.

그렇습니다. 비록 초등학교 시절에는 그다지 공부도 잘하지 못하고 머리도 좋지 않았지만, 어린 소년 윈스턴 처칠은 자기 자신을 아끼고 사랑했습니다.

또한 자신을 과소평가하거나 하찮은 아이로 생각하지 않았지요.

그런 마음과 생각을 가지고 있었기에 늘 노력하며 살 수 있었고, 결국엔 세계에서 제일 위대한 정치가 중의 한 사람이 되었습니다.

윈스턴 처칠처럼 여러분도 자기 자신을 아끼고 사랑하는 습관을 초등학교 시절부터 들이도록 하세요.

첫째, 나 자신에게 칭찬을 많이 해 주세요.

잠자리에 들기 전에 거울에 비친 자신을 보고 '넌 참 괜찮은 아이야. 나는 네가 좋아!'라고 말해 주세요. 그리고 사소한 일 하나에도 자신을 스스로 칭찬해 주세요.

청소 열심히 한 일, 학교 복도에서 뛰지 않은 것, 부모님 일을 도와 드린 것 등 아주 사소한 일일지라도 늘 자기 자신을 대견하게 여기고 칭찬하는 습관을 가지세요.

둘째, 지금 나의 모습을 긍정적으로 생각하세요.

'나는 너무 키가 작아'를 '키가 작으니 나는 행동이 재빠르다'로, '나는 너무 뚱뚱해'를 '나는 편식을 하지 않고, 뚱뚱한 것이 아니라 통통해'로, '나는 머리가 나빠'를 '나는 머리가 나쁜 게 아니라 노력이 부족하니 앞으로 더 노력해야지'라는 생각으로 바꾸면 훨씬 멋진 나로 변하게 될 거예요.

셋째, 자신감 있게 행동하세요.

공부를 잘 못해도 공부를 잘하는 아이처럼 진지하게 공부하고, 축구를 잘 못해도 축구를 잘하는 아이처럼 열심히 뛰어다니고, 노래를 잘 못불러도 노래를 잘 부르는 아이처럼 크게 불러 보세요.

사람에게 가장 심각한 병은 어떤 것일까요?

암? 백혈병? 아니랍니다.

사람에게 가장 심각한 병은 '자기 자신을 과소평가하는 병'입니다.

3주. 마음 습관 기르기
— 나와 남을 사랑하는 습관

어린이 여러분이 한 주 동안 지내면서 좋은 습관을 기르기 위해 얼마나 노력했는지 점검해 보는 코너입니다. 실천했다면 □ 안에 ∨표 해 보세요.
∨표가 많아질수록 더 멋있게 변화된 자신의 모습을 발견할 거예요.

□ **화나는 일이 있을 때 한 번 더 생각하는 습관**
나를 화나게 하는 사람과 환경에 대해 3회 이상 참고 생각해 보았다.

□ **동물과 식물을 기르는 습관**
동물이나 식물을 키우기 시작했다.

□ **나보다 우리를 소중하게 생각하는 습관**
반에서 왕따를 당하는 친구에게 먼저 다가가 말을 걸고, 놀아주었다.

□ **마법의 말을 사용하는 습관**
부모님께 '사랑한다'는 말과 '감사하다'는 표현을 했다.

□ **좋은 표정을 가지는 습관**
아침에 일어나서 거울을 보고 3회 이상 웃었다.

□ **마무리를 잘하는 습관**
내 방 청소를 할 때, 책상 정리부터 용구 정리까지 차례를 정해서 했다.

□ **자신을 아끼고 사랑하는 습관**
하루에 한 번 이상 자신을 칭찬하고, 긍정적인 미래의 모습을 상상했다.

생각이 바뀌면 태도가 바뀌고, 태도가 바뀌면 행동이 바뀌고, 행동이 바뀌면 습관이 바뀌고, 습관이 바뀌면 인격이 바뀌고, 인격이 바뀌면 운명이 바뀐다.
— 윌리엄 제임스

성품습관 기르기

– 몸짱, 마음짱이 되는 습관

이번 주에 우리 친구들이 실천할 습관은 '**몸짱, 마음짱이 되는 습관**'이에요. 하루하루 여기에 있는 습관을 실천하다 보면, 어느새 **몸도 마음도 아름답게 변해있는** 나를 발견하게 될 거예요.

22일

내 추억의 보석상자 만들기

일기 쓰는 습관
일기는 사람의 훌륭한 자습서다. – 이태준

"선생님, 숙제는 내 주셔도 괜찮은데 일기는 안 쓰면 안 돼요?" 가끔 우리 반 친구들이 하는 말이랍니다.

여러분도 이런 마음을 많이 가져 보았지요?

'도대체 선생님과 부모님께서는 왜 일기를 쓰라고 하시는 거지?'

선생님과 부모님께서는 일기 쓰기가 여러분에게 주는 좋은 점이 많기 때문에 그토록 강조하시는 거랍니다. 일기는 하루 동안 있었던 일을 되돌아보게 하고, 글쓰기 능력과 생각하는 능력을 키워 주는 장점이 있답니다. 그것뿐 아니지요. 내 삶의 소중한 추억들을 기록하는 타임머신이 되어 준답니다.

훗날 내가 어른이 되었을 때 예전 일기장을 펼쳐보면, '아, 옛날에는 이랬지!' 하고 웃게 된답니다. 추억 여행을 떠나게 되는 것이지요. 그러니 일기야말로 여러분에게 수많은 좋은 점을 주는 '종합 선물 세트'랍니다.

하지만 일기 쓰기가 부담이 되는 것은 어쩔 수 없다고요?

'도대체 뭘 써야 하는 거지?'

모든 초등학생들이 공통적으로 갖고 있는 고민이지요. 그러나 부담감을 가질 필요는 없답니다. 일기를 쓸 때 형식이나 분량은 중요하지 않습니다. 반드시 자기 전에 적을 필요도 없으며, 한 장 이상을 적어야 할 이유도 없답니다.

꼭 어떤 사건을 적어야만 하는 것도 아닙니다. 나 자신의 생각과 감정을 진솔하게 담으면 되는 것입니다. 어떤 날엔 만화로 일기를 표현해 보기도 하고, 감명 깊게 읽은 책이 있다면 책의 주인공에게 편지를 보내는 형식으로 일기를 적어도 됩니다. 뉴스를 진행하는 아나운서처럼 인터뷰 일기를 적어도 되고, 시로 일기를 적어도 된답니다. 주제도 어떤 것이든 상관 없습니다.

친구와 싸운 일, 가족끼리 여행간 일, 오늘 하루 특별한 일이 없어 지루했던 것, 오늘 아침 반찬이 맛있었다는 것 등 어떤 것을 적어도 상관 없습니다. 예전에는 일기 쓰기가 피할 수 없는 힘든 일이었지만 오늘부터 그렇게 편하게 일기를 쓰다 보면 내 마음에 환한 보름달이 뜬 것 같은 느낌이 들 거예요.

내 마음과 생활이 좀더 아름다워지는 특별한 경험을 하게 될 거예요. 내가 어른이 되었을 때를 상상해 보세요. 가끔은 "내 어린 시절은 어땠지?"하는 생각이 들 거예요. 그 때 일기장을 펼쳐 보면, "그땐 이랬지!"하고 살며시 미소를 짓게 된답니다.

하루하루 밤이면 밀려오는 잠 때문에 일기 쓰기가 힘들 때도 있지요. 하지만 일기는 먼 훗날 자신의 삶을 돌아볼 수 있게 해 주는 아주 귀중한 것이랍니다.

지금 당장 힘들다고 해서 그런 뜻깊고 의미 있는 일을 미루고 그만둔다면 그것처럼 안타까운 일이 또 있을까요?

23일

알고 보면 나도
꽤 괜찮은 아이지!

자신의 모습에 감사하는 습관
나는 감사할 줄 모르면서 행복한 사람을 한 번도 보지 못했다.
- 지그 지글러

한빛이는 기분이 나빠졌습니다.

새 신발을 사고 싶은데 엄마가 사 주시지 않기 때문입니다.

'에이, 신발이 이게 뭐야?'

그렇게 생각하며 길을 걸어가다 한빛이는 길에서 환하게 웃고 있는 한 소녀와 마주쳤습니다. 그 소녀는 다리 한 쪽이 없어서 목발에 의지하여 걸어가고 있었습니다. 한빛이는 새 신발을 사지 못해 불평한 자신이 부끄러워졌습니다. 정주는 불평을 입에 달고 살았습니다. 이것저것 사고 싶은 것이 많은데 그것을 사지 못했기 때문입니다.

'왜 엄마는 내가 갖고 싶은 것을 사 주지 않는 거야?'

그러던 어느 날이었습니다. 어머니께서 시장에 갔다가 버스비를 아끼기 위해 세 정거장이나 되는 먼 길을 걸어오시는 모습을 보고 고개를 떨구었습니다. 정주는 어머니의 사랑에 감사하지 못한 자신이 부끄러워졌습니다.

불평과 불만을 입에 달고 사는 친구들을 볼 때가 있답니다.

그런 친구들 대부분은 지금 현재 자신이 갖고 있는 행복에 감사할 줄 모르는 친구들입니다.

우리는 곧잘 잊어버리곤 합니다. 자신이 지금 얼마나 행복한지를, 자신의 주위에 있는 감사해야 할 수많은 것들을…….

여러분도 '나는 얼마나 행복한지 모르겠는걸!' 하고 생각하고 있나요? 그렇다면 지금 종이를 한 장 꺼내 자신에게 소중한 것들을 한번 적어 보세요.

'가족, 친구, 집, 학교, 선생님, 게임기, 컴퓨터…….'

자신에게 소중한 것들을 적었나요? 그러면 그 다음에는 그것들 중에서 하나씩 선택하여 '~가 없어진다면' 어떻게 될지를 적어 보세요.

'가족, 친구, 집, 학교 등'이 없어진다면 자신의 생활이 어떻게 될지 상상해 보세요. 어떤가요? 비참하고 힘들어지겠지요? 참 안타까운 점이랍니다. 사람들은 어떤 것을 잃어버리기 전에는 그것의 소중함을 잘 모른답니다.

내 주위에는 이처럼 소중한 것들이 많습니다. 그것들에 늘 감사하는 마음을 가지는 여러분이 되어야 합니다.

미국의 지그 지글러라는 연설가는 이렇게 말했답니다.

'나는 감사할 줄 모르면서 행복한 사람을 한 번도 보지 못했다.'

사람들이 자신의 모습에 얼마나 감사할 줄 모르는지 잘 보여 주는 이야기를 한 편 들려 줄게요.

하루는 신이 두 명의 천사를 불렀습니다.

신은 두 천사에게 큰 바구니 하나씩을 주면서 이렇게 말씀하셨습니다.

"지구로 내려가 너는 그 바구니에 사람들의 감사 기도를 담아오고, 너는 사람들이 내게 요구하는 기도를 담아 오거라." 감사의 바구니를 받은 천사는 웃고, 요구의 바구니를 받은 천사는 시무룩해졌습니다.

두 천사는 지구로 내려왔습니다. 그런데 놀라운 일이 생겼습니다. 금방 채워질 줄 알았던 감사의 바구니가 좀처럼 채워지지 않는 것이었습니다. 이집 저집을 부지런히 찾아다녔습니다. 그래도 감사의 바구니는 채워지지 않았습니다. 반면에 신에게 요구하는 바구니는 금방 다 채워졌습니다. 요구의 바구니를 든 천사는 금방 하늘나라로 돌아갔습니다. 하지만 감사의 바구니를 가져온 천사는 아직도 하늘나라로 돌아가지 못하고 있다고 합니다. 왜냐고요? 아직도 감사의 바구니를 다 채우지 못했기 때문이랍니다.

손가락으로 한번 헤아려 보세요. 나에게 정말 소중하고 귀중한 것들을. 아마 열 손가락으로는 다 헤아리지 못할 정도로 많은 것들이 있을 겁니다. 늘 내 주변의 소중하고 귀중한 것들에 대해 감사하는 습관을 들이세요.

24일

나도 몸짱이 되자!

운동을 즐기는 습관
인간의 행복은 거의 건강에 의해서 좌우되는 것이 보통이다. 건강하기만 하면 모든 일이 즐겁고 기쁜 일이 된다. 반대로 건강하지 못하면 뛰어난 지식도, 행복도 줄어든다. - 쇼펜하우어

몸이 건강한 사람은 우유를 마시는 사람이 아닙니다.
진짜 몸이 건강한 사람은 우유를 배달하는 사람이랍니다.
왜냐하면 이처럼 몸을 많이 움직이는 운동이 우리의 건강을 지켜 주기 때문입니다. 가끔은 모든 일을 하기가 싫고, 귀찮아질 때가 있지요. 그 때는 공부도 제대로 안 되고, 무슨 일을 해도 잘 되지 않지요?
이처럼 몸이 피곤하고 지쳐 있으면 우리의 정신 또한 산만해지고, 집중력이 떨어진답니다. 하지만 몸이 튼튼하고 생동감

이 넘치면 공부도, 일도 잘 되고 모두 덩달아 신나고 즐거워진답니다. 쇼펜하우어라는 독일의 철학자는 건강의 중요성을 이렇게 말했답니다.

'인간의 행복은 거의 건강에 의해서 좌우되는 것이 보통입니다. 건강하기만 하면 모든 일이 즐겁고 기쁜 일이 됩니다. 반대로 건강하지 못하면 뛰어난 지식도, 행복도 줄어듭니다.'

건강한 몸을 가진다는 것은 이처럼 중요한 일이랍니다. 이처럼 생동감이 넘치고, 건강해지려면 운동을 해야 한다는 것쯤은 여러분도 잘 알고 있지요. 즉, 운동을 열심히 하면 정신과 마음까지 맑고 건강해지는 것이랍니다.

그렇다면 운동을 열심히 하지 않으면 어떻게 될까요? 몸이 건강하지 않게 되고 활기찬 생활을 할 수 없게 되지요. 그뿐 아니라 병에 쉽게 걸리기도 합니다. 암, 심장병 같은 무서운 병에 쉽게 걸리게 되는 것이지요. 반면 운동을 열심히 하면 건강해질 뿐 아니라 스트레스도 해소된답니다.

우리 친구들도 축구를 열심히 해서 땀을 흠뻑 흘리고 난 후에는 아주 상쾌해지는 기분을 느껴 보았죠?

이런 좋은 효과가 있으니 운동을 열심히 해 보세요. 하지만 그게 쉽지 않다고요?

사람들은 운동이 그렇게 좋다는 것을 알면서도 왜 잘 하지 않을까요? 그것은 운동을 꾸준히 하기가 어렵기 때문이죠.

운동은 꾸준히 해야만 우리 몸을 튼튼하게 해 주는 효과가 있답니다. 그러므로 계획을 철저하게 세워 운동하는 것이 좋습니다. 하지만 너무 걱정할 필요는 없어요.

운동은 일 주일에 3~4회 정도가 가장 적당하답니다. 그러니 계획표를 짜서 일 주일에 3~4회 정도만 꾸준히 한다면 건강한 신체와 병에 걸리지 않는 튼튼한 몸을 가질 수 있습니다.

초등학생 시절엔 과격한 운동보다는 유산소 운동이 좋습니다. 유산소 운동은 편안한 호흡을 지속하면서 할 수 있는 운동이랍니다. 숨을 헐떡거리지 않으면서도 할 수 있는 운동을 말하지요. 달리기, 수영, 자전거 타기, 에어로빅 같은 운동 말입니다. 이런 운동들조차 힘들다면 걷기를 하세요.

'걷기가 도대체 무슨 운동이 돼?'라고 생각하는 친구들도 있을 거예요. 하지만 걷기도 무척 좋은 운동이랍니다.

아파트에 사는 사람은 엘리베이터 대신 계단으로 걸어 올라가고, 버스를 타고 집으로 가는 사람은 한 정거장 앞에서 내려 걸어서 집으로 가는 것도 정말 좋은 운동이 된답니다.

이렇게 운동을 하다 보면 다리는 튼튼해지고, 몸에는 근육이 생겨난답니다. 그리고 살이 찐 친구들은 몰라보게 날씬해질 거예요. 어른들도 병에 걸리고 난 후에 '열심히 운동을 했으면 이렇게 되지 않았을 텐데…….' 하고 많이들 후회를 하곤 한답니다. 이제 여러분도 어른들의 그런 후회를 귀담아들으세요.

그리고 이 말을 늘 가슴에 담아두고 열심히 운동을 하세요.

'돈으로 약은 살 수 있지만 건강은 살 수 없다.'

25일

무엇이든 잘 먹는 사람이 무엇이든 잘하는 사람!

올바른 식사 습관
식사법이 잘못되었다면 약이 소용없고, 식사법이 옳다면 약이 필요없다. - 고대 아유르베딕 속담

"딩동댕동."

벨소리가 울리면 '와~!' 하는 함성이 온 교실에 울려 퍼집니다. 학교에서 가장 즐거운 시간. 바로 점심 시간이지요.

우리 반 최고의 급식돌이 성일이는 급식차 앞에서 떠날 줄을 모릅니다. 고기나 햄, 튀김이 나오면 급식판에 산더미처럼 담아 가져갑니다. 반면에 김치, 야채, 나물 같은 것은 겨우 한두 개 놓을 뿐입니다. 그러면서 급식을 다 먹고 나면 선생님에게 이렇게 이야기한답니다.

"선생님, 저 살 빼야 하거든요. 내일부터 다이어트할 거예요. 어휴, 이번 달에만 몸무게가 3kg이나 늘었어요."

요즘 비만인 친구들이 많이 늘어났습니다. 그 이유는 올바른 식사 습관을 가지고 있지 못하기 때문이랍니다. 그럼 날씬한 몸매, 튼튼한 팔다리, 건강한 몸을 가지는, 이른바 몸짱이 되기 위해서는 어떻게 음식을 먹어야 하는지 알아볼까요?

첫째, 식사 시간을 규칙적으로 하고 끼니를 거르지 않습니다. 요즘에는 아침을 거르고 학교에 오는 친구들이 많습니다. 하지만 명심하세요. 아침에 일어나서 1시간 이내에 영양가 있는 음식을 먹지 않으면 두뇌 회전이 느려진답니다.

둘째, 인스턴트 음식, 패스트푸드를 너무 많이 먹지 않습니다. 인스턴트 음식과 패스트푸드는 비만과 가장 친한 친구랍니다. 또 미국의 한 대학에서 연구한 결과 인스턴트 음식, 패스트푸드를 많이 먹는 사람은 성격이 거칠어지고 포악해진다고 합니다.

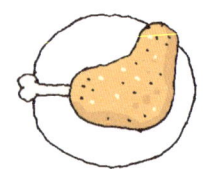

셋째, 맵고 짜고 단 음식을 적게 먹습니다. 어릴 때의 식사 습관은 평생을 가는 법입니다. 어린 시절 맵고 짜고 단 음식을 좋아하고 많이 먹게 되면 그 습관은 어른이 될 때까지 이어진답니다. 맵고 짜고 단 음식은 암, 간 질환, 비만 등 모든 병을 일으키는 원인이 됩니다.

넷째, 음식은 천천히 꼭꼭 씹어 먹습니다. 허겁지겁 음식을 먹는 친구들이 있습니다. 제대로 씹지 않고 꿀꺽 삼켜 버리는 친구들이 있습니다. 음식물을 많이 씹으면 소화가 잘 되어 살도 찌지 않고 몸이 튼튼해진답니다. 그뿐 아니라 음식물을 씹을 때의 자극이 뇌로 전달되어 머리도 좋아지는 효과가 있습니다. 음식물은 최소 30번 이상은 씹어서 삼키도록 하세요. 올바른 식사 습관만 가지고 있으면 먹는 양은 그대로인데도 살이 찌지 않고 비만에도 걸리지 않는답니다.

앞에서 말한 네 가지 올바른 식사 습관을 들이도록 노력해 보세요. 그러면 어느 순간 몸짱, 건강짱이 되어 있는 자신의 모습을 발견하게 될 테니까요.

26일

일곱 번 쓰러져도 여덟 번 일어난다

도전 정신을 가지는 습관
실패한 사실이 부끄러운 것이 아니다. 도전하지 못한 비겁함은 더 큰 치욕이다. – 로버트 슐러

    제이미 앤드류라는 사람이 있습니다. 그는 대학 산악반 출신입니다. 그는 히말라야에 있는 산을 오르는 일에 여러 번 참여했습니다. 그리고 영국에서 가장 높은 산인 네비스에 도전했습니다. 네비스 산을 오르는 그의 가슴은 벅찼습니다. 그는 결국 네비스 산을 올랐고, 수많은 영국 사람들은 그에게 끝없는 박수를 보내 주었습니다.

    네비스 산은 그렇게 높지 않은 해발 1,500m 정도의 산이었습니다. 그런데 사람들이 왜 그렇게 그에게 큰 박수를 보냈을까요? 그것은 제이미 앤드류가 팔과 다리가 없는 장애인이었기 때문입니다. 그는 절친한 친구인 피셔란 친구와 함께 프랑스에 있는 몽블랑이라는 높은 산에 도전했었습니다. 그런데 눈보라 때문에 산 속에 갇혀 친구인 피셔는 죽고, 자신은 살아남았지만 팔과 다리를 절단해야만 했답니다.

불구가 된 그는 좌절했습니다. 하지만 친구와의 약속을 지키기 위해 다시 도전하기로 했습니다.

비록 성한 몸은 아니었지만 다른 사람의 도움 없이 산 정상에 오르는 도전을 하기로 결심한 것입니다. 결국 그의 도전 정신은 사람들을 감동시켰습니다. 그래서 사람들은 그를 위해 자선 기금 25만 파운드(약 4억 2천만 원)를 모았습니다. 제이미 앤드류는 이 돈을 자신보다 더 어려운 사람들을 위해 사용하라며 장애인 단체에 기부하였습니다.

비록 몸은 성치 않았지만 마음만은 도전 정신으로 가득했던 그에게 세계의 많은 사람들은 힘찬 박수를 보내 주었습니다.

우리 나라 최고의 기업들은 사람을 뽑을 때 어떤 점을 가장 많이 볼까요? 우리 나라의 10대 기업은 사람을 뽑을 때 '도전 정신과 창의성'을 가장 많이 본다고 합니다.

왜 그럴까요? 도전 정신은 용감하고 작은 실패에도 좌절하지 않는 정신을 의미하지요. 그리고 창의성은 세상이 변하는 것에 따라 남과 다른 생각을 할 수 있는 능력을 말하지요. 그러니 당연히 기업에서는 이런 사람을 좋아하겠지요.

누구나 인생에서 실패를 겪지 않는 사람은 없답니다. 한 번 실패했다고 주저앉으면 그 사람의 인생 전체가 실패로 돌아가지요. 하지만 다시 새롭게 도전하는 사람에게는 성공의 길이 열린답니다. 그러면 초등학생이 도전 정신을 기르기 위해서는 어떻게 해야 할까요?

첫째, '나는 할 수 있다'라고 믿으세요. 자신을 믿는 것은 도전 정신을 기르는 데 무엇보다 중요하답니다. 모든 일에 '못할 거야'가 아니라, '할 수 있어'라는 마음을 가지고 있는 사람은 도전 정신의 키가 점점 자라나게 된답니다.

둘째, 내가 잘하고 성공했던 경험을 자꾸 생각합니다.

시험을 잘 쳤던 일, 부모님께 칭찬받았던 일, 다른 아이들이 볼 때 멋지게 해낸 일 등을 자주 떠올리세요. 다른 사람들을 놀라게 했던 경험들을 자꾸 떠올리다 보면 '이것도 해낼 수 있어'라는 믿음이 생겨 도전 정신의 힘이 세진답니다.

셋째, '왜' 실패를 했는지 그 원인을 아는 것입니다. 생활하다 보면 실패를 하거나 잘못한 경험이 없을 수 없답니다.

실패하거나 실수한 경험. 그것으로 그치지 마세요. 왜 실패하고 실수했는지 원인을 생각하세요. 그리고 다음부터는 같은 실패나 실수를 반복하지 않겠다고 자꾸 맹세하세요. 그러다 보면 내 가슴 속에 도전 정신의 숫자가 훨씬 많아진답니다.

겁먹지 마세요. 해 보기도 전에 미리 포기하지 마세요. 아무런 도전 정신이 없는 사람은 무언가를 해 보기도 전에 이미 실패한 사람이 된답니다.

잊지 마세요. 두려워하고 머뭇거리면 실패의 당선자가 되지만, 도전하는 사람은 성공의 선두 주자가 된다는 사실을…….

27일

난 명탐정, 잃어버린 물건은 반드시 찾아내고 만다

절약하는 습관
절약하는 마음밭에 희망이 찾아온다. 절약과 희망은 연인 사이니까.
— 윈스턴 처칠

   지금도 우리 반 교실 뒤편에는 멀쩡한 우산 몇 개가 꽂혀 있습니다.

   "애들아, 누가 우산을 챙겨 가지 않았니? 오늘 꼭 챙겨 가렴." 하지만 아직도 여전히 교실 뒤편에는 우산 몇 개가 꽂혀 있습니다. 지금도 선생님 책상 연필꽂이에는 여러 자루의 연필과 사인펜이 꽂혀 있습니다.

   "애들아, 선생님이 청소할 때 연필이랑 사인펜 주워 놓았으니 주인은 선생님 책상에서 찾아가렴."

하지만 아직도 여전히 연필과 사인펜은 선생님의 연필꽂이에 꽂혀 있습니다.

잃어버려도 아무도 찾아가지 않는 이유는 무엇일까요?

아껴 쓰는 습관, 절약하는 습관이 없기 때문이지요. 여러분의 부모님과 선생님은 가끔 말씀하실 거예요.

부모님과 선생님이 어렸을 때는 연필도 몽당연필이 되면 볼펜 껍데기에 끼워 썼고, 크레파스도 귀해서 닳아 없어질 때까지 썼다는 말을. 그러면 여러분은 피식 웃으며 '정말요? 그걸 어떻게 써요?' 이렇게 되묻곤 하지요.

지금은 물자가 풍족해서 그렇지 옛날엔 진짜 그랬답니다. 하지만 그렇다고 해서 지금은 여러분이 다 사용하지 않은 것을 함부로 버려도 괜찮다는 뜻이 아니랍니다. 자연 자원은 한정되어 있습니다.

여러분이 사용하는 연필이나 종이, 그 모두가 나무로 만들어진다는 것은 잘 알죠? 다 사용하지 않은 것을 버리면 그만큼 나무도 낭비되는 것이랍니다.

명심하세요. 내가 아무렇게나 버린 종이나 연필 같은 것 때문에 자연에 있는 나무들이 더 많이 베어져야 한다는 사실을. 그건 물도 마찬가지고, 석유도 마찬가지랍니다.

이탈리아나 스위스 같은 나라는 세계가 인정하는 선진국입니다. 하지만 그 나라들은 자원이 많은 나라가 아니랍니다. 지금의 우리 나라처럼 첨단 산업이 발전한 나라도 아니랍니다.

이탈리아와 스위스는 관광 수입이 많은 나라입니다. 또 스위스는 시계로 유명한 나라이기도 하지요. 하지만 이 나라들이 선진국이 될 수 있었던 진짜 이유는 작은 것도 아껴쓰고 낭비를 하지 않는 국민 정신이 있었기 때문이랍니다.

영국의 전 수상 처칠은 영국의 국민들에게 이렇게 호소했답니다.

'희망이 없으면 절약도 없다. 우리가 절약하고 아끼는 이유는 무엇인가. 미래를 위해서다. 미래가 없다면 되는대로 살아갈 것이다. 미래의 건설을 위해서 한 푼이라도 절약하자. 절약하는 마음밭에 희망이 찾아온다. 절약과 희망은 연인 사이니까.' 그렇습니다. 절약하는 사람에게 희망이 있습니다. 절약하는 민족에게 일류 선진국이 될 자격이 주어진답니다.

진짜 부자들은 돈을 펑펑 쓰지 않습니다. 그 사람들은 오히

려 더 절약에 익숙해 있고 잘 실천하는 사람들이랍니다.

 지금 나의 모습을 한번 되돌아보세요. 나는 물건을 잃어버려도 찾지도 않는 그런 습관을 가지고 있지 않은지, 나는 함부로 돈과 물건을 낭비하지 않는지를. 이제 내 주위에 있는 물건부터 챙기고 아껴쓰는 습관을 들이세요.

 내 학용품엔 나의 이름을 적어 두고, 나의 수입과 지출은 〈용돈 기입장〉에 꼭 적어두는 버릇을 길러 두세요. '절약 실천표'를 작성하는 것도 좋은 방법이랍니다. 그리고 돈은 금융 기관에 저금을 하고, 바자회나 알뜰 장터를 이용하는 것도 좋은 방법이겠지요.

 '자린고비'는 사람들의 손가락질을 받지만, 절약하는 사람은 어디서든 환영을 받는답니다.

28일

모든 일에 '노력'이라는 머리띠를 두르고!

모든 일에 최선을 다하는 습관
이상하게도 인생에서는, 최고의 노력을 투자하면 최고의 결과를 얻는 경우가 많다. – 서머셋 모옴

　사람들은 일등에 환호합니다. 일등에게 박수를 치고 칭찬을 합니다. 4년마다 열리는 올림픽 대회에서도 금메달을 딴 선수에게는 화려한 영광이 돌아가기 마련입니다.
　하지만 반드시 그런 것만은 아니랍니다. 때는 2000년 시드니 올림픽. 수영 남자 자유형 100m 예선전에 출전한 선수들이 서 있었습니다. 그 중에는 수영의 불모지인 아프리카 기니에서 온 '무삼바니'라는 선수도 있었습니다.
　"땅!" 하는 소리와 함께 선수들이 출발했습니다.

　다른 선수들은 전부 골인 지점에 들어왔는데도 무삼바니는 아직도 골인 지점 근처에 가질 못했습니다. 사람들은 웅성거리기 시작했고, 이 희한한 광경을 자세히 보기 위해 전부 일어섰습니다.

　그렇게 무삼바니는 예선전 100m에서 1분 52초만에 골인 지점에 들어왔습니다. 이 기록은 일등 선수의 기록인 48초 64의 두 배가 넘는 시간이었습니다.

　하지만 사람들은 무삼바니에게 우레와 같은 박수를 쳐 주었습니다. 비록 일등을 하지는 못했지만, 수영 시설이라고는 거의 없는 아프리카 기니의 한 선수가 끝까지 포기하지 않고 최선을 다하는 모습에 감동했기 때문입니다.

　일등이 아니라 최선을 다한 꼴찌.

　그것 또한 너무도 소중한 것이었기 때문입니다. 마라톤은 일등도 중요하지만 완주도 중요시되는 경기랍니다.

　최선을 다해 골인 지점에 들어온다는 것 자체가 커다란 영광을 안겨 주는 경기인 것입니다.

삶이라는 경기 또한 이와 마찬가지랍니다.

삶은 등수로 결정되는 경기가 아니라, 자신이 쏟아부은 땀과 노력으로 결정되는 경기입니다. '어제'의 일등이 '내일'의 꼴

찌가 될 수도 있고, '어제'의 꼴찌가 '내일'의 일등이 될 수도 있답니다. 단, 내일의 일등이 될 가능성을 가지고 있는 어제의 꼴찌는 바로 자신이 부딪치는 모든 일에 최선을 다하는 사람이랍니다.

세계적인 성악가 엔리코 카루소란 사람이 있습니다.

그 사람은 한 번 공연할 때마다 엄청난 돈을 받는 사람이었습니다. 그런 그가 불우이웃을 돕는 자선 음악회에 출연하게 되었습니다. 그 음악회를 개최한 사람이 카루소에게 이렇게 이야기했습니다.

"죄송합니다. 저희는 선생님께 출연료를 드릴 수 없으니 편하게 쉰다고 생각하시고 노래하십시오."

그 말을 들은 카루소는 미소지으며 이렇게 말했습니다.

"저는 어떤 자리에서든 최선을 다하지 않고 노래 부른 적이 없습니다."

어떤가요? 음악에 뛰어난 사람이면서도 모든 일에 최선을 다하는 이런 자세가 있었기에 카루소는 최고의 성악가의 위치에 오를 수 있었던 것이랍니다.

〈달과 6펜스〉〈인간의 굴레〉라는 명작을 남긴 영국의 소설가 서머셋 모옴은 이렇게 이야기했답니다.

'이상하게도 인생에서는, 최고의 노력을 투자하면 최고의 결과를 얻는 경우가 많다.'

이제 일등이 아니라고 고개 떨구고 실망하지 마세요.

누구나 일등을 할 수 있는 것은 아닙니다. 하지만 누구나 최선을 다할 수는 있습니다.

최선을 다한 꼴찌.

그것보다 더 멋지고 감동적인 장면은 없습니다. 비록 꼴찌를 하더라도 자신에게 부끄럽지 않을 만큼 최선을 다한 나의 모습은 가장 아름다운 꼴찌니까요.

29일

실패는 있어도 실망은 없다

쉽게 절망하지 않는 습관
희망은 저절로 다가오는 게 아니라 나 자신이 희망을 찾아내려 할 때 희망의 작은 빛이 내 앞에 보이기 시작하는 것이다.

"이제 모든 것이 끝났어."

스코틀랜드의 부르스 왕은 한숨을 내쉬었습니다.

잉글랜드와의 전쟁에서 용감하게 싸웠지만 패하고 만 것입니다. 여섯 번의 싸움에서 모두 진 후에 그는 산 속 동굴로 도망을 와 있었습니다.

그 날은 비도 한없이 많이 내리고 있었습니다. 실망감에 젖어 있던 부르스 왕은 무덤에 누워 있었습니다.

'더 이상 싸울 힘이 없어. 우리 나라는 이제 끝났어.'

실망과 절망의 고리들이 자신을 꽁꽁 묶고 있는 것처럼 느껴졌습니다. 희망과 소망은 이미 저 멀리 사라지고 없었습니다. 그 때 부르스 왕의 눈에 거미 한 마리가 보였습니다. 거미가 다른 곳으로 옮겨가려고 하는데 실패를 하고 있었습니다. 거미줄을 연결하려고 했지만 그 때마다 실패를 해 땅에 떨어지는 일을 반복하고 있었습니다.

"너도 내 신세와 같구나. 여섯 번이나 실패하다니……. 그래도 계속 하려는 모습이 안쓰럽구나."

그런데 일곱 번째 시도 끝에 마침내 거미는 다른 곳으로 옮겨가는 데 성공했습니다.

"어, 이것 봐라? 결국엔 성공했네. 그래도 집은 못 지을 거야."

거미는 부지런히 몸을 놀려서 거미줄을 뽑아내더니, 근사한 집을 지었습니다.

부르스 왕은 놀라 몸을 벌떡 일으키며 소리쳤습니다.

'그래, 벌레에 불과한 거미도 저렇게 쉽게 실망하지 않고, 쉽게 포기하지 않는데 나도 한번 해 보는 거야! 여섯 번 실패하고 실망해도 일곱 번 도전해 보는 거야.'

부르스 왕의 가슴에는 용기의 바람이 불어 왔습니다. 병사들을 다시 모아 잉글랜드와 전쟁을 하였고 결국 자신의 나라 스코틀랜드를 되찾을 수 있었습니다.

어떤가요? 부르스 왕이 실망하고 절망하여 포기해 버렸다면 스코틀랜드라는 나라는 어떻게 되었을까요?

'지난 번에 해 봐도 안 되었잖아. 에이, 나는 해도 안 될 것 같아.'

이렇게 우리 친구들 중에는 너무 쉽게 실망하고 포기해 버리는 친구들이 많답니다. 하지만 우리 친구들에게는 눈에 보이는 능력보다 눈에 보이지 않는 숨겨진 능력들이 더 많이 있습니다. 그것이 제대로 드러나지 않는 까닭은 실망과 포기라는 나쁜 습관에 젖어 있기 때문입니다.

J. 위트라는 사람은 이렇게 말했답니다.

'모든 사람에게는 희망이 있습니다. 희망은 모든 일이 가능하다고 가르치고, 실망은 모든 일이 곤란하다고 가르칩니다. 실망은 사물을 부정적으로 보도록 만들지만, 희망은 사물을

긍정적으로 보도록 만듭니다. 실망을 친구로 삼을 것인가, 아니면 희망을 친구로 삼을 것인가. 실망을 프리즘으로 사용할 것인가, 아니면 희망을 프리즘으로 사용할 것인가. 어느 쪽을 선택하느냐에 따라 인생은 결정됩니다.'

 자기 가슴의 주인이 희망이 아니라 실망은 아닌지 한번 살펴보세요. 어려서부터 실망과 친숙해지면 자신의 인생은 실패라는 사슬에서 벗어날 수가 없게 됩니다. 사람의 마음은 무엇이든 받아들인답니다. 실망이 내 가슴에 자리잡지 않도록 노력하는 습관을 들이세요.

 실망이라는 감정은 내 마음 속에서 나갔다가도 금방 다시 찾아오는 손님입니다. 좋지 못한 실망이라는 손님이 들어오지 못하게 하는 방법은 단 한 가지뿐이랍니다. 희망이라는 부드럽고, 좋은 손님이 먼저 내 가슴에 들어와서 자리를 차지하게 하는 것입니다.

30일

알아서 척! 척! 척!
스스로 어린이

미루지 않는 습관
오늘 할 일을 내일로 미루지 말라. - 토머스 제퍼슨

　세계 최대의 산맥, 히말라야.
　히말라야 산맥은 얼마나 높고 험한지 '세계의 지붕'이라고 불리기도 합니다. 그곳에는 전설적인 새 한 마리가 살고 있습니다. 이 새의 이름은 '날이 새면 집 지으리라' 입니다.
　이 새는 낮에는 따스한 히말라야의 날씨 덕에 노래를 부르며 우아하게 날아다닌다고 합니다. 그런데 밤이 되면 너무도 추운 날씨 때문에 오싹오싹 떨면서 낮에 집을 짓지 않은 것을 후회하며 이렇게 노래 부릅니다.

"날이 새면 집 지으리라, 날이 새면 집 지으리라."

그러다 보면 다음 날 아침이 다시 시작됩니다.

그런데 이 새는 어젯밤 추위에 떨면서 '날이 새면 집 지으리라'라고 노래 부른 사실을 까맣게 잊고 맙니다. 그렇게 또 노래 부르며 놀다가 밤이 되면 또 후회를 한다고 합니다.

미루고 미루다 결국엔 아무 것도 하지 못하는 새, '날이 새면 집 지으리라' 라는 새가 겪는 슬픔입니다.

많은 가족들이 새해 1월 1일이면 어김없이 새로운 각오를 이야기합니다.

아버지께서는 "나는 담배를 끊을 거야!"라고 하시고, 어머니께서는 "다이어트를 해 몸무게를 줄일 거야!"라고 하시고, 나는 "열심히 공부하고 게임 시간을 줄일 거야!"라고 맹세합니다. 그런데 대부분의 계획들은 지켜지지 않고 맙니다.

왜 그럴까요? 그건 지금 당장 하지 않고 미루기 때문입니다.

"뭐 내일부터 담배를 안 피우면 되지."
"내일부터 운동하고, 음식을 적게 먹으면 되지."
"오늘까지만 하고 내일부터는 게임을 안 하면 되지."

이렇게 미루다가 결국엔 아무 것도 이루지 못하게 되는 것이지요.

'미루는 습관!'

그것은 내가 가진 재능과 실력을 발휘하지 못하게 만드는 가장 큰 적입니다. 그렇다면 구체적으로 '미루는 습관'을 없애기 위해서는 어떻게 해야 할까요?

첫째, 내가 꼭 해야 할 일, 중요한 일을 메모해 두고, 다른 일보다 먼저 그 일을 합니다. 그렇게 하면 차근차근 일을 해나갈 수 있답니다. 공부도 마찬가지입니다. 자신이 꼭 공부해야 할 부분과 과목을 메모하고 그것을 다른 것보다 먼저 하는 것입니다.

둘째, 작은 일 하나도 소홀히 하지 않고, 하기로 마음먹었으면 무조건 시작해야 합니다. 어떤 계획을 세우고 나서 다 하지 못할 것 같으면 아예 하지 않는 사람들이 있습니다. 만일 줄넘기를 1,000개 하기로 마음먹었는데, 학원에 갔다 오니 시간이 너무 늦어 아무리 많이 해도 300개밖에 할 시간이 없는 거예요. 그럴 때는 '그냥 내일 하지 뭐!'가 아니라, 줄넘기를 들고 나가서 300개라도 해야 하는 것입니다.

완벽하지 못하다고 해서 하지 않으면 결국엔 아무 것도 못하게 됩니다.

여러분들은 자신이 하지 못한 이유를 핑계 대기에 바쁩니다. 하지만 그런 '핑계의 무덤'에서는 어떤 성공도 나올 수가 없습니다. 그렇게 해서는 아무 것도 이룰 수가 없답니다.

무슨 일이든 미루지 않는 습관.

'나는 할 수 있어. 당장 그걸 해야지!' 하는 습관.

그것이 최고의 초등학생이 되고, 훗날 성공하는 내가 되게 해 주는 최고의 보석상자랍니다.

31일

나는 정의의 슈퍼맨!

정의로운 말만 하는 습관
정의는 항상 우리에게 무슨 일을 하라고 지시하지는 않더라도 옳지 못한 일을 해서는 안 된다고 알려 주는 힘을 가지고 있다.
– 에이브러햄 링컨

우리 반에는 서로 친해 보이는 두 친구가 있답니다.

쉬는 시간에도 자주 어울리고, 축구도 같이 많이 하지요.

그래서 선생님은 '둘이 아주 친하구나' 라고 생각하고 있었답니다. 그 중 한 친구의 생일 때였습니다. 그런데 이상하게도 친해 보이던 그 친구를 초대하지 않는 것이었습니다.

"얘야, 왜 그 친구를 초대하지 않았니? 너희 둘은 서로 친하잖아?"

그랬더니 이렇게 대답했답니다.

"같이 어울리긴 하지만 그 친구를 믿지는 않아요. 그 애는 약한 친구는 괴롭히면서 강한 친구 앞에서는 꼼짝도 못하거든요."

여러분 주위에도 그런 친구가 있나요? 그런 친구들은 정의롭지 못한 친구지요.

그렇다면 정의로움이란 과연 무엇일까요?

미국의 제16대 대통령인 에이브러햄 링컨은 이렇게 말했답니다.

'정의는 항상 우리에게 무슨 일을 하라고 지시하지는 않더라도 옳지 못한 일을 해서는 안 된다고 알려 주는 힘을 가지고 있다. 때문에 인간이 살아가는 데 가장 중요한 것은 정의로운 사람이 되는 것이다.'

사람은 어떤 일이 생겼을 때 많은 고민을 하게 됩니다.

'에이, 고민되네. 비겁한 일이지만 그렇게 해야지. 그게 더 편하니까.'

이런 마음이 생길 때가 많지요. 왜 그럴까요? 사람의 마음에는 방이 하나가 있기 때문이랍니다. 그 방에는 주인이 있답니다. 그런데 그 주인은 때에 따라, 상황에 따라 자주 변한답니

다. 어떤 날은 그 방의 주인이 '정의'가 되고, 또 어떤 날엔 그 방의 주인이 '비겁함'이 되기도 한답니다. 어떻게 해야 할지 고민이나 갈등이 생기는 그런 순간이 오면 자신의 양심에게 진지하게 물어보세요.

'지금은 내 마음의 주인으로 누구를 세워야 하지?'라고 말이에요. 그러면 양심은 언제나 '정의'라고 대답해 줄 거예요.

사실 모든 사람에게 비겁함이나 의롭지 못함을 선택해도 되는 시간은 단 한 순간도 없답니다. 여러분도 주위를 둘러보세요. 다른 친구들을 도울 줄 모르고, 약한 친구를 괴롭히고, 그 당시의 위기에서 벗어나기 위해 거짓말을 잘하는 아이에게는 친구들이 모이지 않는다는 사실을 알게 될 거예요.

여러분이 어떤 길을 간다고 생각해 보세요.
그 길에는 반드시 올바른 길과 잘못된 길이 있기 마련이랍니다. 그런데 보통의 경우, 올바른 길은 장애물도 있고 돌멩이도 있어 가기가 힘든 경우가 많답니다. 하지만 그 길을 걸어가야만 자신이 원하는 목적지에 도착할 수 있게 된답니다.

　마찬가지예요. '정의'가 가리키는 길은 어떤 때는 어렵고 힘든 경우가 있답니다. 그 때는 양심의 소리에 귀를 기울이고 두 주먹 불끈 쥐고 양심이 가리키는 그 길로 걸어가는 습관을 가진 여러분이 되세요.

4주. 성품습관 기르기
— 몸짱, 마음짱이 되는 습관

어린이 여러분이 한 주 동안 지내면서 좋은 습관을 기르기 위해 얼마나 노력했는지 점검해 보는 코너입니다. 실천했다면 □ 안에 ∨표 해 보세요.
∨표가 많아질수록 더 멋있게 변화된 자신의 모습을 발견할 거예요.

□ **일기 쓰는 습관**
하루 동안 있었던 일을 기억하며, 주중에 4회 이상 일기를 썼다.

□ **자신의 모습에 감사하는 습관**
내 외모, 마음에 대해서 예쁜 모습을 3군데 이상 발견했다.

□ **운동을 즐기는 습관**
주 중에 조깅이나, 운동 기구를 이용한 운동을 3회 이상 했다.

□ **올바른 식사 습관**
엄마가 차려주신 밥상에서 편식하지 않고 골고루 잘 먹었다.

□ **도전 정신을 가지는 습관**
실패할 것이 두려워 도전하지 못한 영역을 생각해 보고, 도전해 보았다.

□ **절약하는 습관**
이번 주 용돈을 〈용돈 기입장〉에 적어서 사용했다.

- ☐ **모든 일에 최선을 다하는 습관**
  내가 맡은 일은 힘들어도 마무리를 지었다.

- ☐ **쉽게 절망하지 않는 습관**
  포기하고 싶었던 일을 다시 시작했다.

- ☐ **미루지 않는 습관**
  귀찮아서 내버려둔 일을 다시 시작했다.

- ☐ **정의로운 말만 하는 습관**
  약한 친구들을 괴롭히는 친구를 향해 용기 있게 말해 보았다.

생각이 바뀌면 태도가 바뀌고, 태도가 바뀌면 행동이 바뀌고, 행동이 바뀌면 습관이 바뀌고, 습관이 바뀌면 인격이 바뀌고, 인격이 바뀌면 운명이 바뀐다.
-윌리엄 제임스

역사 속 인물들의 재미난 습관들

나폴레옹 1세
1769~1821
프랑스의 군인

전쟁터에서도 놓지 않은 책

나폴레옹의 학식과 교양은 대문호 괴테와 음악가 베토벤을 매료시킬 만큼 빼어난 것이었다. 전쟁터에서 말을 타면서도 괴테의 '젊은 베르테르의 슬픔'을 지니고 다니며 거듭 읽었다는 나폴레옹은 그래서 당대는 물론 후대에 이르러서도 단순한 전쟁광으로만 그를 기억하지 않게 했다.

또 나폴레옹에게는 실패한 전쟁인 1798년의 이집트 원정은 모래더미에 묻혀 증발했던 이집트 문명을 한 꺼풀 벗겨 내면서 인류 역사상 최고의 고고학적 성과로 기록된 바 있다.

이 같은 그의 업적은 인문학적 지식을 소중히 한, 일생에 걸친 그의 책 읽는 습관과도 무관하지 않았다.

그가 52년 평생 동안 읽은 책이 8000여 권에 이른다고 하며, 전쟁터까지 책을 챙겨 갔던 열성 때문에 이동도서관의 원조라고도 한다.

미켈란젤로
1475~1564
이탈리아의 화가, 조각가

작품에 사인을 남기지 않은 화가

르네상스를 대표하는 화가 미켈란젤로는 고집이 세고 자신의 작품에 대해 자부심이 강한 인물로 유명하다. 그는 특히 마리아가 죽은 예수를 끌어안고 슬퍼하는 '피에타' 상을 제외하고는 어느 작품에도 사인을 남기지 않는 독특한 버릇이 있었다.

이러한 습관은 바티칸 시스티나성당의 천장에 '천지창조'를 그리던 때로 거슬러 올라간다.

1508년 교황 율리우스 2세의 명령으로 시스티나성당의 천장화를 그리게 된 미켈란젤로는 사람들의 출입을 막고 무려 4년 동안 성당에 틀어박혀 그림을 그렸다. 이 일에 온 정성과 열정을 바쳤던 그는 마지막으로 사인을 한 뒤 흡족한 표정으로 붓을 놓았다.

그리고 지친 몸을 쉬게 하려고 성당 밖으로 나왔을 때, 눈앞에 펼쳐진 세상의 풍경에 그는 감탄하고 말았다. 눈부신 햇살과 푸른 하늘, 높이 날고 있는 새들……. 그때 미켈란젤로는 "신은 이렇게 아름다운 자연을 창조하고도 어디에도 이것이 자신의 솜씨임을 알리는 흔적을 남기지 않았는데 나는 기껏 작은 벽화 하나 그려 놓고 서명을 했다니……."

그는 즉시 성당으로 돌아가 사인을 지워 버렸고, 이후부터 그 어느 작품에도 자신의 사인을 남기지 않았다.

실험실은 '메모지'와 '만년필'

실험실 물리학의 대가인 아인슈타인은 그가 이룩한 과학적 업적뿐만 아니라 검소한 생활습관 등 인격으로 배울 점이 많은 사람이었다.

그의 이러한 면모를 잘 알려 주는 일화가 있다. 어느 날 한 기자가 그를 찾아가 위대한 물리학자의 실험실을 보고 싶다며 졸랐다. 그런데 아인슈타인은 실험실로 그를 안내하기는커녕 자신의 주머니에서 만년필과 메모지를 꺼내 들었다.

아인슈타인
1879~1955
독일 태생 미국의 물리학자

기자가 어안이 벙벙한 표정으로 바라보자 아인슈타인이 웃으며 대답했다.

"나는 일상생활 중 머릿속에 뭔가가 떠오를 때면 그때마다 잊어버리지 않도록 만년필로 메모를 한다. 그러니 연구를 위해 따로 잘 차려진 실험실이 필요치 않다.

역사 속 인물들의 재미난 습관들

내게 단지 필요한 건 그것을 적고 계산할 수 있는 만년필과 메모지면 족하다."
이처럼 역사에 굵은 획을 남긴 유명인들은 일찌감치 메모의 위력을 활용한 사람들이다.

칸트
1724~1804
독일의 철학자, 작가

걸어다니는 '동네 시계'

칸트는 평생토록 오전 5시 정각에 기상했다. 그리고 서재에 들어가 차 두 잔과 담배 한 개비로 아침을 때우고 7시에서 9시까지 강의를 한 뒤 오후 1시에 하루 한 끼의 식사를 했는데, 그 자리에는 매일 선택적으로 네댓 명이 초청됐다고 한다. 맥주는 평생 입에 댄 적이 없고 와인 한 잔이 고작이었다.

그는 또한 오후의 그 한 끼 식사 후 어김없이 산책을 했는데 그 보폭과 속도가 어찌나 정확했는지, 이웃들이 산책하는 칸트가 지나가는 시각으로 몇 시 몇 분인지를 가늠할 정도였다고 한다.

그런가 하면 관찰력과 집중력이 뛰어났던 칸트는 그 전날과 달라진 자연의 미세한 변화를 달력에 적어 놓곤 했고, 평생 쾨니히스베르크를 떠난 적이 없었지만 외지의 일을 가 본 사람보다 더 잘 알았다고 한다.

그는 철저하게 자신이 정해 놓은 시간표에 따라 하루하루를 살았고 철지하게 문명의 이기와는 별개의 인생을 살았다. 그러한 선각적 반문명의 생활습관을 체험하려는 사람들이 지금도 쾨니히스베르크로 몰려든다고 한다.